やさしくまるごと小学英語

学研プラス 編

マンガ　入江久絵

監修　狩野晶子（上智大学短期大学部）

JN051811

Gakken

この本を手にしたみなさんへ

勉強は“あまりやりたくないもの”。
これは今も昔も，多くの子どもたちにとって同じです。
そして“勉強は大事なもの”“勉強をがんばることは将来につながる”ということも，今と昔で変わりません。

やりたくないけど大事である勉強に対して，みなさんがやる気になれる参考書・やる気が続く参考書はどんなものだろう？

そんな問いに頭を悩ませながら作ったのが，この『やさしくまるごと小学』シリーズです。
この本には，
　・マンガやイラストが多く，手に取って読んでみたくなる。
　・説明がわかりやすくて，成績が伸びやすい。
　・先生の授業がいつでも YouTube で見られる。
　・小学校3年から6年までの内容が入っているから，つまずいたところから総復習できる。
といった多くの特長があります。

このような参考書を作るのは簡単なことではありませんでしたが，できあがってみると，みなさんにとってとても役に立つものにできたと思っています。（「自分が子どものころにこんな参考書があったらよかったのに……」とも思います。）

この本を使って，「勉強がたのしくなった」「成績が伸びてうれしい」とみなさんが感じてくれたらうれしいです。

編集部より

あなたの決意をここに書いてみよう！

（例）「この本を1年間でやりきる！」とか「英語の授業で，毎回手をあげる！」など

勉強する曜日とはじめる時刻をここに宣言しよう！

【1日の勉強時間のめやす】 ➡ （　　　　　　　　　）

月曜日	火曜日	水曜日	木曜日	金曜日	土曜日	日曜日

本書の特長と使いかた

動画

動画マーク（🖥）がついた部分は，YouTubeで塾の先生の授業が見られます。

英語の学習では，音声を聞くこと，実際に口に出して練習することがとても大切です。ぜひ動画授業を活用して，たくさん英語にふれて，練習してください。

練習問題

キャラクターたちがあなたに質問します。キャラクターたちとやり取りしているつもりで，あなたの答えを書きこんでみましょう。

決まった答えはありませんので，説明をヒントにして，好きな答えを書いてください。

書いたら，口に出して練習してみましょう。

力だめし

英語を書く問題や，英語を聞いて答えるリスニング問題があります。

リスニング問題は，音声を聞いて自分で問題に答えたあと，授業動画で解説を見て確認しましょう。※力だめしの答えは巻末にあります。

DVDつき

DVDには，塾の先生がおすすめする英語勉強法の紹介と，アルファベットの発音のミニ特別授業，そして1レッスン分のお試し動画が収録されています。学習を始める前にDVDを見て，より効果的な勉強のしかたを確認しましょう。

🖥 授業動画・音声の再生方法 ※動画の公開は予告なく終了することがございます。

スマートフォンの場合 ∴ それぞれのページのQRコードを読み取ると，直接YouTubeにアクセスできます。

パソコンの場合 ∴ YouTubeの検索窓で「やさしくまるごと小学英語」と，動画番号あるいは音声番号を入力して検索してください。

YouTubeの動画一覧はこちらから

https://gakken-ep.jp/extra/yasamaru_p/movie.html

Prologue
[プロローグ]

学研小学校

さよーならー

英語の授業さぁ…
すっごい難しくない？

キヨシ

エイジ

さっぱり頭に入って
こないよな

最近外国からのお客さんが増えて
きたから，英語ができるように
なりたいんだけどね…

アキナ
ラーメン屋さんの
むすめ

なえるわ〜

ケイ
チャラ男

ボクも英語ペラペラになって，
世界中の女の子にモテたいんだけどな〜

ま，日本に住んでるんだし，
英語できなくたって
なんとかなるよな！

だよな！

ハァ〜…

次の日

おはよー
おはよー

あっ, あの後ろ姿は…

校長先生だ!

おはようございまーす!

Good morning ...
(おはようございます。)

てか, 何で英語!?

!?

グスッ…

ヒック…

デーン

な…泣いてる…!?

頭に何かささってるし…!?

I was tricked by the aliens ... ※1

I was stupid ... ※2

何て言ってるの?

日本語でしゃべってよー!!

しくしく…

われわれのせいなのです…

ん?

※1: 宇宙人にだまされたんじゃ…。　　※2: わしはばかじゃった…。

実は，校長先生はあなたたちに英語を好きになってもらうために

日帰り手術で英語がペラペラに!! 先着1名無料!!

"英語がペラペラになる手術"を受けたのですが…

私のミスで"英語しかしゃべれない"ようになってしまったのです…!!

手術のあとっっ

HELP ME!!

そうだったのか…!!

わっ…!

パネェよ…!!

よくこんなのに頭イジらせたわね…

校長先生，オレたちのために!!

感動した!!

早く校長先生を元にもどしてよ！

それが…その方法を今研究中でして…

いつになることやら…

そんなぁ…もう校長先生とお話しできないの…？

ご安心くださいっ!!

Contents

もくじ

キャラクター紹介

花下英二（エイジ）

ゲームが大好きな，ごくふつうの小学生。素直な心の持ち主で少しだまされやすい。イヨという姉がいる。

ニックマンとハカーセ

地球人と仲良くなるために宇宙からやってきた。校長先生の頭を手術する。

キヨシ

硬派な性格の小学生。父は空手の道場を営む。

【別冊】 単語まるごと練習ノート

アキナ
家のラーメン屋さんをよく手伝っている小学生。

ケイ
モテるためには努力をおしまない小学生。

校長先生
エイジたちの通う学研小学校の校長先生。子どもたちを思うあまり，宇宙人に頭を手術させてしまう。

アルファベット①

[大文字]

このレッスンのはじめに♪

　今回は英語の文字「アルファベット」の大文字の学習です。

　大文字は身の回りでもよく目にしますが，これから英語を学習する第一歩として，正しく書けるようになりましょう！

　Ａ，Ｂ，Ｃ…の順番や，それぞれの文字の発音についても学習します。

1 アルファベットとは

授業動画は
こちらから

英語で使われるA, B, Cなどの文字を「アルファベット」といいます。

アルファベットは全部で26文字あり, それぞれの文字に大文字と小文字があります。

▼大文字

ABCDEFGHIJKLMNOPQRSTUVWXYZ

▼小文字

abcdefghijklmnopqrstuvwxyz

上は手で書くときの形です。覚える必要はありませんが, 下のような形も使われます。

▼大人向けの本・印刷などで使う形（活字体）

ABCDEFGHIJKLMNOPQRSTUVWXYZ

abcdefghijklmnopqrstuvwxyz

2 アルファベットの読み方

授業動画は
こちらから

アルファベットにはいろいろな読み方があります。ひとつは「アルファベットの名前」です。Aは［エイ］, Bは［ビー］というように読みます。

「ABCの歌」を歌ったことがあるかな？
あれがアルファベットの名前だよ。

アルファベットを組み合わせた, 意味のあることばを「単語」といいます。cat（ねこ）やcake（ケーキ）などが単語ですよ。

ほかにも, アルファベットの読み方は単語の中でいろいろと変わります。たとえば, Aは［ア］と［エ］の中間のような音になったり,［エイ］という音になったりします。

cat（ねこ）とcake（ケーキ）のaの音をくらべてみて。

音声は
こちらから

授業動画は
こちらから

音声を聞いて，あとについて言ってみましょう。そのあと，うすい字を1回なぞってから，2回ずつ書いてみましょう。

アルファベットには決まった書き順はないんだって。左の書き順は，ひとつの目安にしよう。

発音のコツ

A・J・K・Oは「エー」「ジェー」「ケー」「オー」とのばすのではなく，[エイ] [ジェイ] [ケイ] [オウ] のように発音するとぐっと英語っぽく聞こえるよ。

A, B, C…というアルファベットの順番もしっかり覚えましょう。辞書をササッと引けるようになりますよ。

発音のコツ

Vは「ブイ」ではなく，上の歯を下くちびるに軽くつけて[ヴィー]と発音する。上下のくちびるの間から息を出す**B**とはちがう音だよ。

4 気をつけること

大文字を書くときには，いくつか気をつけることがあります。

① 大文字はすべて同じ高さです。赤い線といちばん上の線の間に書きます。

ABC
すべてここの間に書く

② Aの横棒は，点線よりも少し下に書きましょう。

A ←横棒は点線より少し下

③ 形が似ているものに注意しましょう。

C G
Gは横線と縦線が入る

D P
Pのカーブは真ん中まで

E F
Fは横線が1本少ない

M W
上下逆さまの関係

O Q
Qはななめの線が入る

U V
Vは下がとがっている

日本語はひらがな50文字，カタカナ50文字，小学校で習う漢字が1026文字…。英語ってラクだよなぁ。

カだめし

➡答えはp.136へ

アルファベットの順番になるように，下のぬけているところに大文字を書き入れましょう。

A B C D E (1)□ G H (2)□

J K (3)□ M N O P (4)□ R

S T (5)□ V (6)□ X Y Z

レッスン2 アルファベット② ［小文字］

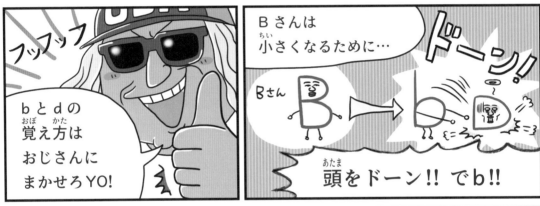

このレッスンのはじめに♪

　今回はアルファベットの小文字の学習です。

　英語の文は，大文字で書くと決まっているところ以外は基本的に小文字で書きます。小文字のほうが書くことが多いので，小文字も正しく書けるようにしておきましょう。また，小文字は似ている形が多いので注意しましょう。

1 大文字と小文字の使い分け

授業動画は
こちらから　6

　英語の文は，小文字で書くのが基本です。大文字は使うところが決まっているので，覚えておきましょう。

大文字を使うのは
次のような場合です！

あと，月と曜日の最初
の文字も特別に大文字
で書くよ。

① 人の名前や国名・地名の最初の文字

　┌名前の最初の1文字　　　┌国名・地名の最初の1文字
　Kiyoshi（キヨシ）　Tokyo（東京）など

② 略語など

　CD, DVD, TV, UFO など

UFO?

ギクッ！

③ 文の最初の文字

　┌文の最初の1文字
　Good morning.（おはようございます。）

2 小文字の書き方

授業動画は
こちらから　7

　大文字はすべて同じ高さでしたが，小文字にはいろいろな高さのものがあります。赤い線より下にのびるものもあるので，書く位置に注意しましょう。

大文字と同じ高さのもの

b d f h k l

背の低いもの

a c e i m n o r s t u v w x z

赤い線より下にのびるもの

g j p q y

小文字を書く練習

音声は こちらから

授業動画は こちらから

音声を聞いて，あとについて言ってみましょう。そのあと，うすい字を1回なぞってから，2回ずつ書いてみましょう。

a　　a

b　　b

c　　c

d　　d

e　　e

f　　f

g　　g

h　　h

i　　i

j　　j

k　　k

l　　l

m　　m

n　　n

o　　o

p　　p

q　　q

r　　r

s　　s

t　　t

u　　u

v　　v

w　　w

x　　x

y　　y

z　　z

小文字の読み方は，もちろん大文字と同じだよ。

l や q, v, x は，ローマ字では使わないから，なじみがうすいかもしれませんね。

4 気をつけること

小文字を書くときには，次のことに注意しましょう。

① 4線の中で書く位置が
決まっているので，書
きはじめる場所に気を
つけましょう。

カタカナを習ったとき
「シ」と「ツ」をまち
がえないように書くの，
難しかったなぁ（遠い
目）。

② まぎらわしい文字があるので，まちがえないように気
をつけましょう。

b d   m n   p q

③ 線が長すぎたり短すぎたりすると，ちがう文字に見え
てしまうことがあります。はっきりと区別して書くよ
うに気をつけましょう。

縦棒を上までのばそう

a d   h n   n r

赤い線までのばそう

カだめし

➡ 答えはp.136へ

次の大文字を小文字にしましょう。

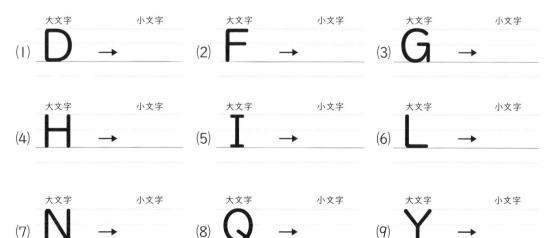

	大文字	小文字
(1)	D →	
(2)	F →	
(3)	G →	
(4)	H →	
(5)	I →	
(6)	L →	
(7)	N →	
(8)	Q →	
(9)	Y →	

レッスン3

Nice to meet you.

[英語のあいさつ]

このレッスンのはじめに♪

　「こんにちは」「はじめまして」「ありがとう」など，必ず覚えておくべき英語のあいさつを学習しましょう。

　英語を話すときは，日本語よりもさらに，相手の目を見て，明るく元気よくあいさつすることがとても大切ですよ！

1 こんにちは

英語で「こんにちは。」は次のように言います。

Hello. （こんにちは。）

Hello.と言われたら，Hello.と返せばOKです。

Hello!

┌─ なぞろう
↓
Hello.

2 いろいろなあいさつ

Hello.のほかにもいろいろなあいさつがあります。次のあいさつは時間帯によって使い分けます。

午前	Good morning. （おはようございます。）
午後	Good afternoon. （こんにちは。）
夕方〜夜	Good evening. （こんばんは。）

初対面のあいさつは次のように言います。

Nice to meet you. （はじめまして。）

Nice to meet you.には次のように返しましょう。

Nice to meet you, too.
（こちらこそはじめまして。）

3 元気ですか？

あいさつをしたあとは，次のように「元気ですか。」とたずねます。

How are you? （元気ですか。）

How are you?には次のように答えましょう。

I'm good, thank you.
How are you?
（元気です，ありがとう。あなたは元気ですか。）

次のように答えることもあります。

I'm fine. （元気です。）
I'm great. （とても元気です。）

4 ありがとう，ごめんなさい

「ありがとう。」は次のように言います。

Thank you. （ありがとう。）

Thank you.には次のように答えましょう。

You're welcome. （どういたしまして。）

ものを手わたすときは，次のように言います。決まった言い方なのでこのまま覚えましょう。

Here you are. （はい，どうぞ。）

「ごめんなさい。」は次のように言います。

I'm sorry.（ごめんなさい。）

授業動画はこちらから

5 さようなら

別れるときは次のように言います。

Goodbye.（さようなら。）

次の言い方も覚えておきましょう。

See you.（またね。）
Good night.（おやすみなさい。）←夜別れるときやねる前

いろんなあいさつを学習したね。ぼくは宿題を忘れたときのために，まずは I'm sorry. を100回練習しておくよ！

カだめし

 答えはp.136へ 音声はこちらから

授業動画はこちらから

イラストを見ながら音声を聞いて，ふさわしい答え方をA，Bから選び，記号を○で囲みましょう。

(1) （ A ・ B ）

(2) （ A ・ B ）

(3) （ A ・ B ）

(4) （ A ・ B ）

レッスン 4 英語の書き方

［英文の書き方のルール］

あれ、あのおじさんは…

お，この前のボーイズとエイリアンじゃ～ん

そんなところで何してるの？

おじさんのソウルをポストカードにして売っているんだ ZE ☆

よくわかんないけど超カッケー!!!

何て書いてあるの…？

ボクを弟子にしてください!!

私たちはまず基本の書き方を学びましょうか…

ええ～…

Of course! ☆
（もちろん！）

このレッスンのはじめに♪

今回は英語の書き方を学習します。

日本語を書くときにも句読点のつけ方などのルールがあるように，英語にも書き方のルールがあります。

基本をマスターして，英語の文を正しくカッコよく書けるようになりましょう！

授業動画は
こちらから 〔17〕

1 単語の書き方

〔17〕 　単語を書くときは，文字と文字の間をつめすぎたり，あけすぎたりしないようにしましょう。

○ ちょうどよい 　　　× つめすぎ 　　　× あけすぎ

cat 　　cat 　　c a t

　まずは短い単語を書く練習をしましょう。左の単語を1回なぞり，そのあと右に写して書きましょう。

> 発音のコツ
>
> **cat** の 最 初 の 音 は，「キャ」よりも「ケ」に近い感じで，[ケァート]のように言ってみるとより英語らしくなるよ。

cat
ねこ

dog
犬

pen
ペン

 今度は少し長い単語を練習しましょう！

> **banana** の a と n の間 や，**gorilla** の i と l と l の間 な ど は，お手本をよく見て，あけすぎたりつめすぎたりしないようにしよう！

cake
ケーキ

banana
バナナ

gorilla
ゴリラ

penguin
ペンギン

2 文の書き方

授業動画はこちらから 18

英語の文は，単語がいくつか集まってつくられています。文の書き方のルールを見ながら練習しましょう。

ルール1！　文の最初は大文字。文の最後にはピリオド（ . ）をつけるよ。

ピリオドのつけ忘れが，英語を習いはじめたころの「あるある」だよね〜。つけ忘れないでね！

┌ 文の最初の1文字は大文字にする

Good morning.

┌ 文の最後にピリオドをつける

おはようございます。　└ 単語と単語の間は小文字1文字分くらいあける

なぞりましょう。

Good morning.

お手本を見ながら書いてみましょう。

ルール2！　質問する文は，最後にクエスチョンマーク（ ? ）をつけるよ。

いわゆる「はてなマーク」のことを英語では，「クエスチョンマーク」または「疑問符」というのです。

質問する文は，ピリオドのかわりにクエスチョンマーク

How are you?

お元気ですか。

なぞりましょう。

How are you?

お手本を見ながら書いてみましょう。

③ 気をつけること

授業動画は
こちらから 19

そのほか，次のことにも注意しましょう。

① 人の名前や国名・地名の最初の文字は，文のとちゅうでも大文字で書きます。

② 省略されているところにはアポストロフィー(')をつけます。

> 「アポストロフィー」みたいな記号の名前は，まだ覚えなくてもだいじょうぶ！

└ I am を短くした形なのでアポストロフィーをつける (→p. 30)

I'm Hanashita Eiji.

私はハナシタエイジです。 └ 最初の1字は名字も下の名前も大文字 ┘

③ 「私は」の意味の I は，文のとちゅうでも大文字で書きます。

④ 呼びかける語や，Yes, Noのあとはコンマ(,)で区切ります。

Hello, Eiji.

┌→ピリオドをつける

こんにちは，エイジ。 └ コンマで区切る

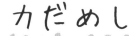

➡答えはp.137へ

授業動画は
こちらから 20

次の英文を，下の4線に正しく書き写しましょう。

(1) Nice to meet you. （はじめまして。）

(2) How are you? （元気ですか。）

(3) Thank you. （ありがとう。）

5 レッスン I'm Eiji.

［ぼくはエイジです。］

このレッスンのはじめに♪

　今回は英語での自己しょうかいのしかたを学習します。

　まずは，自分の名前の伝え方をしっかりマスターしましょう。

　自分の名前を英語で伝えられるようになるだけではなく，文字でも書けるように練習しましょう。

28

1 自分の名前を書いてみよう

授業動画は
こちらから ·· 21

21 　自分の名前をアルファベットで書いてみましょう。下
のヘボン式ローマ字表を参考にしてください。

▼例 (ハナシタ エイジ)

Hanashita Eiji

▼自分の名前を書こう

▼ローマ字表 (ヘボン式)

	a	i	u	e	o			
ア行	ア	イ	ウ	エ	オ			
k カ行	ka カ	ki キ	ku ク	ke ケ	ko コ	kya キャ	kyu キュ	kyo キョ
s サ行	sa サ	shi シ	su ス	se セ	so ソ	sha シャ	shu シュ	sho ショ
t タ行	ta タ	chi チ	tsu ツ	te テ	to ト	cha チャ	chu チュ	cho チョ
n ナ行	na ナ	ni ニ	nu ヌ	ne ネ	no ノ	nya ニャ	nyu ニュ	nyo ニョ
h ハ行	ha ハ	hi ヒ	fu フ	he ヘ	ho ホ	hya ヒャ	hyu ヒュ	hyo ヒョ
m マ行	ma マ	mi ミ	mu ム	me メ	mo モ	mya ミャ	myu ミュ	myo ミョ
y ヤ行	ya ヤ	—	yu ユ	—	yo ヨ			
r ラ行	ra ラ	ri リ	ru ル	re レ	ro ロ	rya リャ	ryu リュ	ryo リョ
w ワ行	wa ワ	—	—	—	—			
ン	n ン							
g ガ行	ga ガ	gi ギ	gu グ	ge ゲ	go ゴ	gya ギャ	gyu ギュ	gyo ギョ
z ザ行	za ザ	ji ジ	zu ズ	ze ゼ	zo ゾ	ja ジャ	ju ジュ	jo ジョ
d ダ行	da ダ	ji ヂ	zu ヅ	de デ	do ド	ja ヂャ	ju ヂュ	jo ヂョ
b バ行	ba バ	bi ビ	bu ブ	be ベ	bo ボ	bya ビャ	byu ビュ	byo ビョ
p パ行	pa パ	pi ピ	pu プ	pe ペ	po ポ	pya ピャ	pyu ピュ	pyo ピョ

赤い文字が，3年生の国語で習った「ローマ字 (訓令式)」は書き方がちがうところですよ。

ヘボン式は英語の中で使うのに合った，より英語っぽい書き方なんだ。ここでマスターしちゃおう。

2 私は○○です

授業動画は
こちらから [22]

名前を伝えるときは，次のように言います。

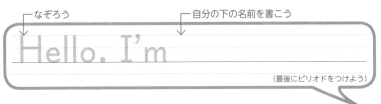

I'm Eiji. (私はエイジです。)

> **I'm** は **I am** を短くした形なのです。「私は（○○です）」という意味です。

相手が「こんにちは，私は○○です。」と言ったら，自分も「こんにちは，私は○○です。」と伝えてみましょう。

Hello. I'm Eiji.
（こんにちは。ぼくはエイジです。）

なぞろう　　　　　　　　自分の下の名前を書こう

Hello. I'm _____

（最後にピリオドをつけよう）

また，次のような言い方も使われます。

My name is Eiji. (私の名前はエイジです。)

> 自己しょうかいをするときは下の名前だけ言ってもOK。大五郎みたいに長めの名前の人は，**I'm Dai.**（私はダイです。）のように短くしてしょうかいしてもいいんだ。かっこいいし，覚えてもらいやすくなるよ。

myは「私の」，nameは「名前」という意味です。相手が「私の名前は○○です。」と言ったら，自分も「私の名前は○○です。」と伝えてみましょう。

My name is Akina.
（私の名前はアキナです。）

なぞろう　　　　　　　　自分の下の名前を書こう

My name is _____

> 🗣 **発音のコツ**
> **name**は「ネーム」とのばすのではなく，「ネイム」のように発音すると英語らしくなるよ。

❸ 名前の書き方を聞こう

授業動画は
こちらから

　自己しょうかいされたときに，相手の
名前を聞いただけでは，英語でどう書く
のかわからないときがあります。

ジョー

　そのようなときは，次のように質問しましょう。

名前にかぎらず，単語
をアルファベットでど
のように書くかの決ま
りを「つづり」または
「スペリング」といい
ます。

How do you spell your name?
（名前はどのようにつづるのですか。）

　すると，相手が１文字ずつ次のように答えてくれます。

J-O-E. Joe.
（J，O，E. ジョーです。）

カだめし

 答えはp.137へ　　音声は
こちらから 4　　授業動画は
こちらから 24

⑴　自分の下の名前で，「私は〇〇です。」と自己しょうかいする文を書きましょう。

_____

⑵　下の２人のやりとりを聞いて，自己しょうかいしている人物の名前をアル
　ファベットで書きましょう。

名前

_____

レッスン6 I like cats.

[私はねこが好き！]

このレッスンのはじめに♪

　自分の好きなものや苦手なものを言えるようになりましょう。
　このレッスンでは，動物や虫などの生き物の好ききらいの言い方を学習しますよ。
　また，「ねこは好きですか。」のように，生き物の好ききらいを相手に質問する言い方も学習します。

1 私はねこが好きです。

授業動画は
こちらから

「私は○○が好きです。」というように，自分の好きな
ものを言うときは，I like ○○. と言います。
　○○の部分には下のような単語が入ります。

cats ねこ	dogs 犬	rabbits うさぎ
hamsters ハムスター	pandas パンダ	penguins ペンギン
sharks サメ	bugs 虫	beetles カブトムシ

　たとえば，「私はねこが好きです。」は次のように言い
ます。

I like cats. （私はねこが好きです。）

　上や右でしょうかいした単語を使って質問に答えま
しょう。

きみの好きな生き物は何？

─ なぞろう　　　─ 自分が好きな生き物を書こう

I like _____

（最後にピリオドをつけよう）

Oh, really?（へぇ，本当？）

「○○が好きです」と
言うときは，ただの
cat（単数形）ではな
く，**s** のついた **cats**
（複数形）という形を使
いますよ！

もっと
こんな単語を入れよう♪

□ **alpacas**
　アルパカ
□ **koalas**
　コアラ
□ **lions**
　ライオン
□ **dolphins**
　イルカ
□ **squirrels**
　リス
□ **stag beetles**
　クワガタムシ

② 私は虫が好きではありません。

授業動画は
こちらから

「私は○○が好きではありません。」は I don't like ○○.
と言います。たとえば,「私は虫が好きではありません」
は次のように言います。

😊 **発音のコツ**

don't は「ドント」
ではなく,［ドゥント］
と言うよ。

> **I don't like bugs.** （私は虫が好きではありません。）

質問に答えましょう。

> あんまり好きじゃない生き物は何？

― なぞろう　　　　　　　　― 自分が好きではない生き物を書こう

I don't like

> Why? I love them!
> （どうして？　ぼくは大好きなのに！）

もっと
こんな単語を入れよう♪

- ☐ **snakes**
  ヘビ
- ☐ **lizards**
  トカゲ
- ☐ **frogs**
  カエル
- ☐ **spiders**
  クモ
- ☐ **cockroaches**
  ゴキブリ

③ ねこは好きですか。

授業動画は
こちらから

「あなたは○○が好きですか。」は, Do you like ○○?
と言います。

> **Do you like cats?** （ねこは好きですか。）

聞かれたら, YesかNoで次のように答えます。

> **Yes, I do.** （はい, 好きです。）
> **No, I don't.** （いいえ, 好きではありません。）

ちなみにぼくはバリバ
リのねこ派だよ。ママ
のスマホでねこ動画を
見すぎて, ママにいつ
もおこられてるんだ！

質問に Yes, I do. か No, I don't. で答えましょう。

話すコツ

質問に **Yes, I do.** や **No, I don't.** と答えたら，それだけで話を終わらせないのがコツ。こっちからも質問してみよう。話が続いて盛り上がるよ！

Do you like snakes?

（あなたはヘビは好きですか。）

└ 自分なりの答えを書こう

今度は自分の好きな生き物を１つ選んで，その生き物が好きかどうか友達に質問する文をつくりましょう。

もっと

こんな単語を入れよう♪

- ☐ **dogs**
  犬
- ☐ **cats**
  ねこ
- ☐ **snakes**
  ヘビ
- ☐ **bugs**
  虫
- ☐ **beetles**
  カブトムシ
- ☐ **frogs**
  カエル

「○○が好きですか?」と質問してみよう。

└ なぞろう　　　　　　　　　└ 好きかどうか聞きたい生き物を書こう

Do you like

（最後にクエスチョンマークをつけよう）

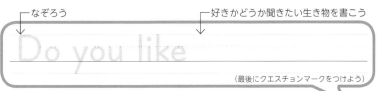

力だめし

📢答えはp.137へ

音声はこちらから 5

授業動画はこちらから 28

音声を聞いて，イラストに合う英語をA，Bから選び，記号を○で囲みましょう。

(1) （ A ・ B ）

(2) （ A ・ B ）

Do you like cats?

[ねこは好き？]

このレッスンのはじめに♪

　前回のレッスンで学習した Do you like 〜? を使って，生き物以外にも色や野菜・果物，料理・おかしなど，いろいろなものについて好きかどうかを質問する言い方を学習します。食べ物の好ききらいを聞くことは，いっしょに食事をするときなどでも大切ですね。

1 ピンクは好きですか。

前回のレッスンで学習した Do you like ○○? を使って，ある色が好きかどうかを聞くこともできます。

色の名前は次のように言います。

red 赤	blue 青	yellow 黄色
green 緑	orange オレンジ色	pink ピンク
purple むらさき色	black 黒	white 白

たとえば，「あなたはピンクが好きですか」と聞くときは，次のように言います。

Do you like pink?　（あなたはピンクが好きですか。）

自分の好きな色を1つ選んで，その色が好きかどうか友達に質問する文をつくりましょう。

「○色が好きですか？」と質問してみよう。

┌なぞろう　　　　　　　　┌好きかどうか聞きたい色を書こう

Do you like

（最後にクエスチョンマークをつけよう）

Yes, I do.

小学生の好きな色ランキング，トップ5は青・水色・ピンク・赤・黒だって。（学研教育総研調べ）これを全色入れてコーディネートすれば絶対モテるな！

もっと

こんな単語を入れよう♪

□ **gold**
金色

□ **silver**
銀色

□ **light blue**
水色

□ **brown**
茶色

□ **gray**
灰色

2 ピーマンは好きですか。

授業動画は
こちらから 30

いろいろな野菜や果物の好みを聞いてみましょう。

carrots ニンジン	green peppers ピーマン	tomatoes トマト
onions タマネギ	cucumbers キュウリ	mushrooms キノコ
apples リンゴ	bananas バナナ	grapes ブドウ

質問に Yes, I do. か No, I don't. で答えましょう。

Do you like green peppers?

― 自分なりの答えを書こう

（最後にピリオドをつけよう）

Green peppers are delicious!
（ピーマンはとてもおいしいですよね！）

今度は自分の好きなものか苦手なものを上から1つ選んで，その食べ物が好きかどうかを質問する文をつくりましょう。

― なぞろう　　　　　― 好きかどうか聞きたい食べ物を書こう

Do you like

Yes, I do. I eat everything!
（はい，好きです。私は何でも食べますよ！）

発音のコツ

英語はアクセント（強く読むところ）を大げさすぎるくらいに言うのが，通じやすくするコツだよ。**tomatoes** は［ト**メイ**トウズ］，**onions** は［**ア**ニョンズ］，**bananas** は［バ**ナ**ーナズ］のように言ってみよう！

もっと
こんな単語を入れよう♪

- [ ] **potatoes** ジャガイモ
- [ ] **pumpkins** カボチャ
- [ ] **lemons** レモン
- [ ] **melons** メロン
- [ ] **strawberries** イチゴ

3 ピザは好きですか。

授業動画は
こちらから 31

いろいろな料理やデザートの好みも聞いてみましょう。

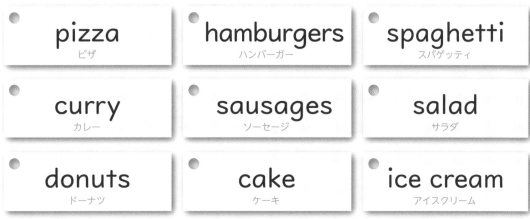

pizza ピザ	hamburgers ハンバーガー	spaghetti スパゲッティ
curry カレー	sausages ソーセージ	salad サラダ
donuts ドーナツ	cake ケーキ	ice cream アイスクリーム

自分の好きなものを上から１つ選んで，その食べ物が好きかどうかを質問する文をつくりましょう。

もっと
こんな単語を入れよう♪

☐ rice
ごはん，米
☐ bread
パン
☐ sushi
すし
☐ grilled fish
焼き魚
☐ pancakes
パンケーキ

なぞろう

好きかどうか聞きたい食べ物を書こう

Do you like _____

Yes, I do. It's my favorite!
（うん，好き。それ，ぼくのいちばん好きなやつ！）

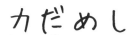

🔊 答えはp.137へ

音声は
こちらから 6

授業動画は
こちらから 32

インタビューの音声を聞いて，いろいろなものについて好きかどうかを聞き取って，合っているほうを〇で囲みましょう。

(1) 緑色

（　好き　・　好きではない　）

(2) ニンジン

（　好き　・　好きではない　）

(3) ピザ

（　好き　・　好きではない　）

レッスン8 What sport do you like?
［何のスポーツが好き？］

このレッスンのはじめに♪

　前回のレッスンまででは「○○は好きですか。」のようにYesかNoで答える質問を学習しました。今回のレッスンでは，「何のスポーツが好きですか。」「何の教科が好きですか。」のようにたずねる言い方を学習します。これで相手のいろいろな好みが聞けるようになりますよ。

❶ 何のスポーツが好きですか。

授業動画は
こちらから

「あなたは何の○○が好きですか。」と聞くときは
What ○○ do you like? と言います。

たとえば,「あなたは何のスポーツが好きですか。」は,
次のように言います。

> ## What sport do you like?
> (あなたは何のスポーツが好きですか。)

What は「何の」と
いう意味だよ。
What sport で「何
のスポーツ」という意
味になるよ。

こう聞かれたら,次のように答えればOKです。好き
なスポーツはいくつ答えてもかまいません。

> ## I like table tennis. (私は卓球が好きです。)

自分の好きなスポーツを言えるようにしましょう。

table tennis 卓球	baseball 野球	tennis テニス
soccer サッカー	basketball バスケットボール	volleyball バレーボール
dodgeball ドッジボール	swimming 水泳	softball ソフトボール

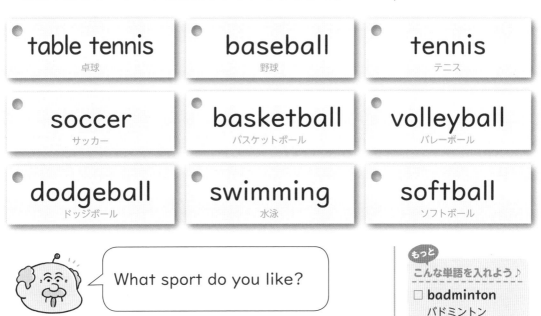

What sport do you like?

―なぞろう ―自分の好きなスポーツを書こう

I like

(最後にピリオドをつけよう)

もっと
こんな単語を入れよう♪
- □ **badminton**
  バドミントン
- □ **karate**
  空手
- □ **skiing**
  スキー
- □ **snowboarding**
  スノーボード

2 何の教科が好きですか。

授業動画は こちらから

今度は勉強について聞いてみましょう。「あなたは何の教科が好きですか。」は，次のように言います。

> **What subject do you like?**
> （あなたは何の教科が好きですか。）

subjectは「教科」という意味だよ。

自分の好きな教科を言えるようにしておきましょう。

English 英語	Japanese 国語	math 算数
science 理科	social studies 社会	P.E. 体育
music 音楽	arts and crafts 図画工作	home economics 家庭科

What subject do you like?

もっと
こんな単語を入れよう♪

☐ calligraphy
書写，書道
☐ moral
education
どうとく
道徳

―なぞろう　―自分の好きな教科を書こう

I like

ぼくにも質問してみて！

―なぞろう

What subject do you like?

（最後にクエスチョンマークをつけよう）

I like recess and lunchtime!
（ぼくは休み時間と給食の時間が好き！）

③ いろいろな好みを聞こう

What ○○ do you like? を使えば，スポーツや教科以外にもいろいろなものについて，「何の○○が好きですか。」と聞くことができます。

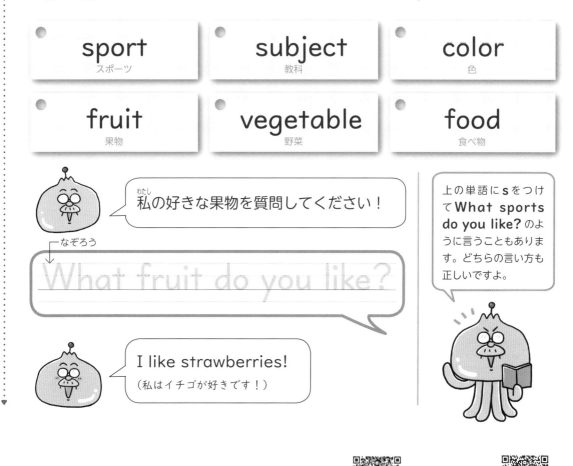

sport
スポーツ

subject
教科

color
色

fruit
果物

vegetable
野菜

food
食べ物

私の好きな果物を質問してください！

上の単語に**s**をつけて**What sports do you like?** のように言うこともあります。どちらの言い方も正しいですよ。

なぞろう

What fruit do you like?

I like strawberries!
（私はイチゴが好きです！）

カだめし

➡答えはp.138へ　音声はこちらから　授業動画はこちらから 36

インタビューの音声を聞いて，好きなものを聞き取って日本語で書きましょう。

(1) 好きなスポーツ

(2) 好きな教科

What's this?

[これ，何？]

このレッスンのはじめに♪

　今回のレッスンでは，「これは何ですか。」と聞いたり，「これは○○ですか。」と確認したりする言い方を学習します。

　外国の人が日本に来ると，食べ物をはじめとして知らないものがたくさんあります。「これは何ですか。」のやりとりができるようにしておきましょう。

1 これは何ですか。

> **What's** は **What is** を短くした形ですよ。

「これは何ですか。」と聞きたいときは，次のように言います。

What's this? （これは何ですか）

たとえば容器に入った飲み物などは，何の味なのかわからないときがありますね。日本語が読めない人はなおさらです。そんなときに説明できるといいですね。

> 私なんて，麦茶だと思ってめんつゆを飲んじゃったわよ。

> What's this?

What's this?には It's ○○.（○○です。）で答えます。

water 水	mineral water ミネラルウォーター	soda ソーダ
tea 紅茶, お茶	green tea 緑茶	coffee コーヒー
cola コーラ	orange juice オレンジジュース	apple juice リンゴジュース

> What's this?

> 英語には「お湯」っていう単語はなくて，**hot water**（熱い水）って言うんだって。

緑茶だよ，と教えてあげましょう。

なぞろう
It's green tea.

2 あれは何ですか。

授業動画は
こちらから

自分からはなれたところにあるものについて，「あれは何ですか。」と聞くときは，次のように言います。

> **What's that?** （あれは何ですか。）

「これ」が **this**，「あれ」が **that** なのです。両方とも **It's ○○.** で答えてダイジョーブ。

ギクッ！

What's that?

3 これはとり肉ですか。

授業動画は
こちらから

外国の食べ物は，何からできているのかわからないこともあります。「これは○○ですか。」は **Is this ○○?** で聞けばOKです。

たとえば，「これはとり肉ですか。」は，次のように言います。

> **Is this chicken?** （これはとり肉ですか。）

うちのラーメンはとり肉のチャーシューよ！すごくおいしいわよ〜。

いろいろな食材の言い方をチェックしましょう。

chicken	pork	beef
とり肉	ぶた肉	牛肉

fish	sugar	salt
魚	砂糖	塩

Is this salt?
（これは塩ですか。）

Is this ○○? には，Yes か No を使って次のように答えます。

> Yes, it is. （はい，そうです。）
> No, it's not. （いいえ，ちがいます。）

Is this chicken?

「はい，そうです。」と教えてあげましょう。

_____

（最後にピリオドをつけよう）

話すコツ

No, it's not. と答えたら，それで話を終わらせず，It's ○○.（それは○○です。）と教えてあげるのが，相手の立場に立った話し方ですね。

宗教上の理由で食べられない人もいるものねー。

カだめし

答えは p.138へ　音声はこちらから　授業動画はこちらから

(1) イラストを見ながら音声を聞いて，ふさわしい答え方を A，B から選び，記号を○で囲みましょう。

（ア）（ A ・ B ）　　　　（イ）（ A ・ B ）

(2) 「これは何ですか。」とたずねる文を英語で書きましょう。

45ページを見ながら書いてもかまいません。

_____

Let's play soccer.
[サッカーをしよう。]

このレッスンのはじめに♪

　今回のレッスンでは,「○○しましょう。」と遊びなどにさそうときの言い方を学習します。

　また,「○○しなさい。」と相手に指示する言い方も学習します。英語の授業中に先生から出される指示もばっちりわかるようになりますよ。

❶ サッカーをしましょう。

授業動画は こちらから ・・🖥 [41]

　サッカーなどのスポーツや遊びなどに「○○しましょう。」と友達をさそうときは，play（スポーツや遊びをする）という言葉を使って Let's play ○○. と言います。

　たとえば，「サッカーをしましょう。」なら次のように言います。

> Let's play soccer. （サッカーをしましょうの）

playのあとには，次のようなスポーツや遊びを表す単語が入ります。

× **Let's soccer.** とは言わないので気をつけてね。「する」という意味の **play** がないと，すごく変に聞こえるんだって。

- **soccer**　サッカー
- **baseball**　野球
- **dodgeball**　ドッジボール
- **badminton**　バドミントン
- **jump rope**　なわとび
- **tag**　おにごっこ
- **cards**　トランプ
- **games**　ゲーム
- **bingo**　ビンゴ

ぼくを，自分の好きなスポーツや遊びにさそってみて。

なぞろう　　　　　　　自分の好きなスポーツ・遊びを入れよう

Let's play ＿＿＿＿＿＿＿

（最後にピリオドをつけよう）

Yes, let's!
（うん，やろう！）

もっと

こんな単語を入れよう♪

- ☐ **tennis** テニス
- ☐ **table tennis** 卓球
- ☐ **basketball** バスケットボール
- ☐ **volleyball** バレーボール
- ☐ **softball** ソフトボール
- ☐ **hide and seek** かくれんぼ

② 行きましょう。

「（スポーツや遊びを）する」という意味の play のかわりに、いろいろな動作を表す言葉を使って「〜しましょう」と言うこともできます。

今度は **play** は使わないよ。

たとえば、「行きましょう。」は、次のように言います。

Let's go.（行きましょう。）

Let's とよくいっしょに使われる単語を確認しましょう。

go 行く	start 始める	eat 食べる
walk 歩く	sing 歌う	dance おどる, ダンスする

Let's start.（始めよう。）
Let's eat.（食べよう。）
Let's sing.（歌おう。）のように使うよ。

はっ…！ 下校するときに **Let's walk.** と言ってあの子ときょりを縮める作戦を思いついてしまった！ そしてそこからの **Let's dance.** で決まりだ！

じゃあ、私をダンスにさそってみてください。

ーなぞろう
Let's

Sure!
（うん！）

3 立って。

Let's go. は「行きましょう。」という意味ですが，Let's をつけずに Go. とだけ言うと「行きなさい。」「行け。」のように，命令・指示するような言い方になります。

次の言い方は小学校の英語の活動や授業などでよく使われるので，言われたらわかるようにしておきましょう。

> ♪ **話すコツ**
> 命令っぽさをやわらげたいときは，**Please stand up.** あるいは **Stand up, please.** のように **please** をつけるよ。**please** はコミュニケーションがうまくいくまほうの言葉だよ。

Stand up. 立って。	Sit down. すわって。	Look. 見て。
Listen. 聞いて。	Jump. ジャンプして。	Run. 走って。
Stop. 止まって。やめて。	Turn around. 向きを変えて（くるっと回って）。	Touch ～. ～にさわって。

力だめし

📢 答えはp.138へ　　音声は
こちらから 🔊 　　授業動画は
こちらから

(1) 音声を聞いて，イラストに合う英語をA，Bから選び，記号を〇で囲みましょう。

（ア）（ A ・ B ）　　　　　　（イ）（ A ・ B ）

(2) 「サッカーをしましょう。」とさそう文を英語で書きましょう。

49ページを見ながら書いてもかまいません。

How's the weather?

［天気はどう？］

今日は
How's the weather?
という表現を勉強しよう！

どんなときに使うの？

天気を聞くときに使うよ。
たとえば…

宇宙大マラソン大会の朝,
雨が降ってないか
お母さんに聞くときとか…

宇宙留学中の友達が
電話をくれたとき
とかね！

宇宙すぎて
頭に入って
こないよ!!

このレッスンのはじめに♪

　今回のレッスンでは,「天気はどうですか。」と聞くときの言い方と, いろいろな天気の言い方を学習します。「今日は晴れていますね。」「今日は暑いですね。」なども言えるようになります。

　また,「おなかがすいています。」などの言い方も学習します。

1 天気はどうですか。

授業動画は こちらから 45

天気を聞くときは,「どう」という意味の How を使って次のように言います。

How's the weather?
(天気はどうですか。)

「今日の天気はどうですか。」と聞きたいときは,「今日」という意味の today を最後につけて,次のように言います。

How's the weather today?

外出する前などに,今日の天気を聞きたいときに便利ですね。

発音のコツ

weatherの**th**は,日本語にはない発音。舌の先を上下の歯の間に軽くふれさせて出す音だよ。

日本語にない発音は,よく聞いて練習すればどんどんモテちゃうな…。

2 晴れています。

授業動画は こちらから 46

「晴れています。」は,It's ◯◯. の形で次のように言います。

It's sunny. (晴れています。)

いろいろな天気の言い方をチェックしましょう。It's のあとに次の単語を入れます。

sunny	rainy	cloudy
晴れた	雨が降っている	くもった

snowy	windy
雪が降っている	風が強い

How's the weather today?

今日の実際の天気を答えてみましょう。

前のページを見ながら
書いてもいいですよ。

─なぞろう　─今日の実際の天気を書こう。

It's

（最後にピリオドをつけよう）

Oh, really?
（へえ，本当？）

3 暑いです。

授業動画は
こちらから　　[47]

[47]

「暑いです。」も，同じように It's ○○. の形を使って，
次のように言います。

It's hot. （暑いです。）

次の2つの単語を覚えておきましょう。

hot には，お湯などが
「熱い」という意味のほ
かに，カレーなどが「か
らい」という意味もあ
るんだ。熱いもからい
も，同じ単語で表す
のって不思議だな～。

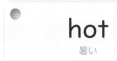

hot	cold
暑い	寒い

very をつけると，「とても○○」という意味になります。
真夏と真冬の気分で，気持ちをこめて言ってみましょう。

It's very hot today.
（今日はとても暑いですね。）

It's very cold today.
（今日はとても寒いですね。）

4 気分をたずねる・答える

授業動画は こちらから

Howは「どう？」という意味です。22ページで学習した How are you?は「（調子は）どうですか，元気ですか」という意味です。

> **How are you today?**
> （今日の調子はどうですか。）

> **I'm good.**
> （調子いいです。）

I'm ○○. の形で，自分の気分を伝えることができます。いろいろな気分の言い方もチェックしましょう。

great すごく気分がいい	**happy** うれしい	**sad** 悲しい
hungry おなかがすいた	**tired** つかれた	**sleepy** ねむい

話すコツ

あいさつとしては，**How are you?** には **I'm good.** や **I'm fine.** などと答えるのが基本。仲のいい友達と話のきっかけにするとき以外は，とつぜん **I'm hungry.** などと言ったら，相手はびっくりするよ。

力だめし

答えはp.138へ

音声は こちらから 10

授業動画は こちらから

音声を聞いて，イラストに合う英語をA，Bから選び，記号を〇で囲みましょう。

(1) （ A ・ B ）　　　　(2) （ A ・ B ）

What day is it?

[何曜日ですか？]

このレッスンのはじめに♪

　今回のレッスンでは，曜日の言い方と，「何曜日ですか？」というやりとりを学習します。

　また，「月曜日には英語の授業があります。」のように，学校の時間割についても言えるようになります。

1 曜日の言い方

曜日の名前は次のように言います。

Sunday 日曜日	**Monday** 月曜日
Tuesday 火曜日	**Wednesday** 水曜日
Thursday 木曜日	**Friday** 金曜日
Saturday 土曜日	

まだ書けなくてもだいじょうぶなので，言われたときにわかるように，そしてぱっと言えるようにしておきましょう。

2 何曜日ですか。

「何曜日ですか。」と聞くときは，次のように言います。day はここでは「曜日」という意味です。

> **What day is it?**
> (何曜日ですか。)

こう聞かれたら，It's ○○. の形で次のように答えます。

> **It's Monday.** (月曜日です。)

大人って，「今日何曜日だっけ？」ってよく言うけど，なんでだろうね〜。

 What day is it?

今日の実際の曜日を答えてみましょう。前のページを見ながら書いてもかまいません。

─なぞろう　─今日の実際の曜日を書こう。

It's

（最後にピリオドをつけよう）

OK. How about tomorrow?
（オッケー。明日は？）

今度は明日の曜日について，何曜日か書いてみましょう。明日は……。

─なぞろう　─明日の実際の曜日を書こう。

It's

知ってたけど…。

Thank you!
（ありがとう。）

Wednesday, Thursday, Saturday の3つのつづりが特に難しいのよね。

❸ 月曜日には体育があります。

授業動画はこちらから

52

42ページで学習した教科の言い方と組み合わせると，「月曜日には体育があります。」のように，学校の時間割について言うことができます。

I have P.E. on Mondays.
（月曜日には体育があります。）

Mondaysとなっているのは，「毎週月曜日」という意味を表すためです。

「月曜日には何がありますか。」は，次のように言います。

What do you have on Mondays?
（月曜日には何がありますか？）

I have ○○. の形で，実際に月曜日にある教科を１つ答えてください。教科を表す単語をもう一度復習(ふくしゅう)しましょう。

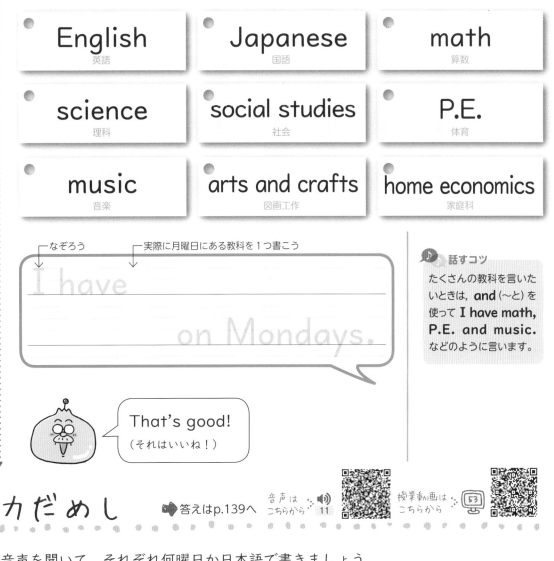

English 英語	Japanese 国語	math 算数
science 理科	social studies 社会	P.E. 体育
music 音楽	arts and crafts 図画工作	home economics 家庭科

なぞろう　　　　　実際に月曜日にある教科を１つ書こう

I have _____

_____ on Mondays.

話すコツ
たくさんの教科を言いたいときは，**and**（〜と）を使って **I have math, P.E. and music.** などのように言います。

That's good!
（それはいいね！）

カだめし

🔊 答えはp.139へ

音声はこちらから 11

授業動画はこちらから

音声を聞いて，それぞれ何曜日か日本語で書きましょう。

(1)

曜　日

(2)

曜　日

How many apples?
［いくつのりんご？］

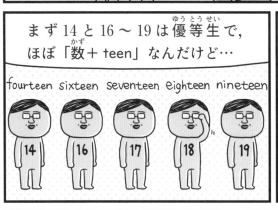

このレッスンのはじめに♪

　今回のレッスンでは，数の言い方と，「何さいですか？」というやりとりを勉強します。

　また，「いくつのりんご？」のように，ものの数をたずねるやりとりもできるようになります。

1 12までの言い方

授業動画は
こちらから 54

12までの数は次のように言います。

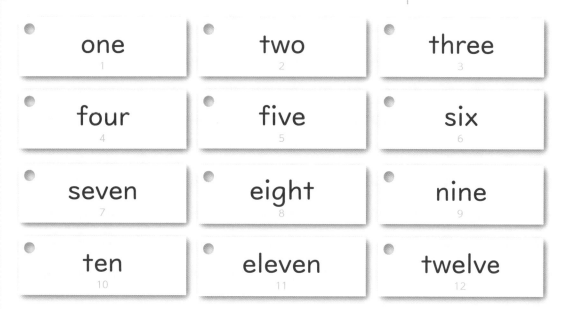

one 1	two 2	three 3
four 4	five 5	six 6
seven 7	eight 8	nine 9
ten 10	eleven 11	twelve 12

　まだ書けなくてもだいじょうぶなので，言われたときに
わかるように，そしてぱっと言えるようにしておきましょう。

2 年れいの言い方

授業動画は
こちらから 55

　「何さいですか。」と年れいを聞くときは，次のように
言います。

How old are you? （あなたは何さいですか。）

　I'm ○○. の形で数を答えるだけで，「私は○○さいで
す。」という意味になります。

> I'm eleven years old.のように years old をつけて言うこと もありますよ。どちら も意味は同じですよ。

> I'm eleven. How old are you?
> （ぼくは11さいです。あなたは何さいですか。）

─なぞろう　　─自分の年れいの数を英語で書こう

I'm ＿＿＿＿＿＿＿＿＿＿＿＿＿＿＿＿＿

（最後にピリオドをつけよう）

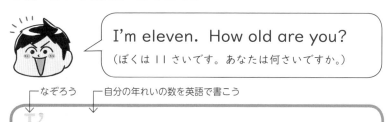

Really? You look older!
（本当？ もっと大人っぽく見えるね！）

③ 数をたずねる言い方

授業動画は
こちらから　

数が「いくつあるの？」と簡単に聞くときには，次のように言います。

How many? (いくつ？)

また，How many ○○？ の形で，「いくつの○○？」と簡単に聞くこともできます。

たとえば，「りんご買ってきて。」とたのまれたときに，

How many apples?

と言えば，「いくつのりんご？」と簡単に聞くことができます。

> 年が「いくつ？」は **How old** で，数が「いくつ？」は**How many**。日本語だと同じなのに，英語だと言い方がちがうんだね。

④ 13 〜 20の言い方

授業動画は
こちらから　

13から20までの数は次のように言います。

thirteen 13	**fourteen** 14
fifteen 15	**sixteen** 16
seventeen 17	**eighteen** 18
nineteen 19	**twenty** 20

😀 発音のコツ

全部，後ろの **teen** のほうを強く読むのがポイントだよ。

> **teen**がつくから，13さいから19さいのことをティーンズとかティーンエイジャーって言うのねー。

5 21以上の言い方

20と21以上の数は次のように言います。

20	twenty
21	twenty-one
22	twenty-two
23	twenty-three
⋮	
29	twenty-nine

↳ハイフン（－）を使う

21以上は，ひとつひとつ覚えなくていいから簡単！ 英語に感謝…。

30, 40, 50は次のように言います。

thirty 30　　**forty** 40　　**fifty** 50

あとは同じだから，31 は
thirty-one のように言えばいいよ。

カだめし

➡答えはp.139へ

 音声はこちらから 12　 授業動画はこちらから 59

音声を聞いて，それぞれの人物が何さいか，数字で書きましょう。

(1)

さい

(2)

さい

(3)

さい

What time is it?

[何時ですか？]

このレッスンのはじめに♪

　今回のレッスンでは，時刻の言い方と，「何時ですか？」というやりとりを学習します。

　前回のレッスンで学習した数の言い方を使えば，「○時○分です。」と英語で簡単に言えるようになります。

授業動画は
こちらから

1 何時ですか。

「何時ですか。」と時刻を聞くときは，次のように言います。

> ## What time is it? (何時ですか。)

では，答え方も見てみましょう。

2 「○時です。」の言い方

授業動画は
こちらから

まず，「○時(ちょうど)です。」と言うときは，次のように言えばOKです。

> ## It's five. (5時です。)

時刻の言い方を練習してみましょう。

日本語だと必ず「5時だよ」って必ず「時」をつけるのに，英語だと「5だよー」って言うだけでいいんだね！

What time is it?

時刻 2:00

─なぞろう ─数を英語のつづりで書こう

It's

(最後にピリオドをつけよう)

What time is it?

時刻 11:00

─なぞろう ─数を英語のつづりで書こう

It's

もっと
こんな単語を入れよう♪

□	1	one
□	2	two
□	3	three
□	4	four
□	5	five
□	6	six
□	7	seven
□	8	eight
□	9	nine
□	10	ten
□	11	eleven
□	12	twelve

「○時ちょうど」という意味の o'clock を数のあとに
つけることもあります。

It's five o'clock.（５時ちょうどです。）

③ 「○時○分です。」の言い方

授業動画は
こちらから

次に「○時○分です。」と言うときは，「時」を表す数
のあとに「分」を表す数を続けて言えばOKです。

It's five ten.（５時１０分です。）

It's nine thirty.（９時３０分です。）

> 日本語だと「５時10
> 分だよ」って言うのに
> ね…。「5，10だよ」っ
> て言ってるだけじゃ
> ん！「時」とか「分」
> とかいらないのねー。

少し練習してみましょう。

What time is it?

時刻 2:15

―なぞろう　―数を英語のつづりで書こう

It's

What time is it?

時刻 11:30

―なぞろう　―数を英語のつづりで書こう

It's

もっと
こんな単語を入れよう♪

☐ 10　ten
☐ 15　fifteen
☐ 20　twenty
☐ 30　thirty
☐ 40　forty
☐ 45　forty-five
☐ 50　fifty

授業動画は
こちらから

4 午前・午後など

「午前○時です。」と言いたいときは，時刻を表す数字のあとに **a.m.** をつけます。

> ### It's 5 a.m. (午前5時です。)

「午後○時です。」なら，**p.m.** です。

> ### It's 5 p.m. (午後5時です。)

> **a.m.** と **p.m.** は必ず数字のあとにつけるのが英語のルール。ふつう小文字で書くよ。
> × a.m. 5
> ○ 5 a.m.

カだめし

🔊答えはp.139へ

音声は
こちらから 13

授業動画は
こちらから 64

音声を聞いて，イラストに合う英語をA，Bから選び，記号を○で囲みましょう。

(1) （ A ・ B ）

(2) （ A ・ B ）

(3) （ A ・ B ）

(4) （ A ・ B ）

Do you have a pen?
［ペンを持ってますか？］

このレッスンのはじめに♪

　今回のレッスンでは，「あなたは○○を持っていますか。」と質問する言い方を学習します。友達に何かを借りるときなどにも使える，便利な言い方です。

　あわせて，えんぴつや消しゴムなどの文具や，身の回りのものの言い方も学習します。

1 ○○を持っていますか。

65

「あなたは○○を持っていますか。」と聞くときは，Do you have ○○？ と言います。たとえば，「えんぴつ（pencil）を持っていますか。」は，次のように言います。

> ## Do you have a pencil?
> （あなたはえんぴつを持っていますか。）

> **a** は「1つの」という意味です。「アイウエオ」に近い音で始まる単語のときは，**a** のかわりに **an** をつけます。（例）**an eraser**

こう聞かれたら，YesかNoで次のように答えます。

> ## Yes, I do. （はい，持っています。）
> ## No, I don't. （いいえ，持っていません。）

質問に Yes, I do. か No, I don't. で答えましょう。

> Do you have a pencil?

┌─自分なりの答えを書こう
↓

（最後にピリオドをつけよう）

🎵 **話すコツ**

「持ってたら貸してよ」という意味で，**Do you have 〜？**と聞かれて，それを持っていないときは **Sorry, I don't.**（ごめん，持ってないんだ。）のように言うと感じがいいよ。

> じゃあ，次の質問だよ。

> Do you have a ship?
> （船を持っていますか。）

┌─自分なりの答えを書こう
↓

😃 **発音のコツ**

have の **v** は，上の歯を軽く下のくちびるにつけて，その間から出す音。日本語の「ブ」とのちがいをよく聞いてみよう。（→p.14）

> 宇宙の小学生はみんな持ってるよ〜。

2 文具などの言い方

何か貸してもらいたいときに,「○○を持っていますか。」と言えるように, 文具などの言い方をチェックしておきましょう。

| pen ペン | pencil えんぴつ | eraser 消しゴム |
| ruler 定規 | crayon クレヨン | stapler ホッチキス |

上の文具を「持っていますか。」と聞くときは, 文具を表す単語の前に a をつけます（eraserにはanをつけます）。少し練習してみましょう。

定規を持っているかどうか,
ぼくに聞いてみて。

― なぞろう　　　　　― 書こう

Do you have a

（最後にクエスチョンマークをつけよう）

Yes, I do. （うん, 持ってるよ。）
でも今使ってるんだ。ごめんね。

じゃあ今度は消しゴムを持っているかどうか聞いてみてください。

― なぞろう　　　　　― 書こう

Do you have an

Yes, I do. （はい, 持っています。）
Here you are. （はい, どうぞ。）

Do you have a dog? で,「あなたは犬を飼っていますか。」と聞くことができます。Do you have ～? はとても便利な表現なのです！

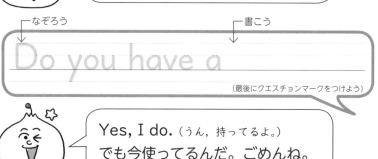
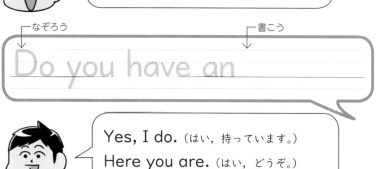

3 いくつ持っていますか。

「いくつ持っていますか。」と持ち物の数を聞きたいときは，How manyと組み合わせて How many ○○ do you have? と言います。

sをつけた形は「複数形」といって，2つ以上あるときに使う形です。

How many books do you have?
（あなたは何さつの本を持っていますか。）

book のあとに s をつけていますね。いくつ持っているか聞くときには，最後に s をつけてください。

book 本	game ゲーム	notebook ノート
comic book まんが	doll 人形	bag かばん

カだめし

 答えはp.139へ　音声はこちらから **14**

授業動画はこちらから

音声を聞いて，それぞれの人物が持っているものを日本語で書きましょう。

(1)

持っているもの

(2)

持っているもの

I get up at 6:30.

[6時30分に起きます。]

このレッスンのはじめに♪

今回のレッスンでは,「私は6時30分に起きます。」「私は9時にねます。」のように,「○時に○○します。」と自分の日課を伝える言い方を学習します。

朝起きてから夜ねるまでの,1日のいろいろな動作が英語で言えるようになりますよ。

1 起きる時刻の言い方

「私は6時30分に起きます。」は，「起きる」という意味の get up を使って，次のように言います。

I get up at 6:30.
（私は6時30分に起きます。）

at は「○時に」という意味で，あとに時刻を言います。

 I get up at 8:30.

 えっ？ おそい？ そうかなぁ。
じゃあ，きみは何時に起きてるの？

なぞろう　　　　6:00のように数字で書いてもOK

I get up at

（最後にピリオドをつけよう）

 はやっ！ すごいね！

時刻の言い方を確認しておきましょう。

6:00　six　　　7:00　seven
6:15　six fifteen
6:24　six twenty-four
6:30　six thirty
6:45　six forty-five
6:55　six fifty-five

発音のコツ

get upは「ゲット・アップ」と区切らずに，「ゲダップ」のようにつなげて言うと，より英語らしく聞こえるよ。

時刻は英語で言えるようにしておこう！ 時刻の言い方は簡単。〈時＋分〉の順に数を並べて言うだけだったね。6:10なら **six ten** だよ（→p.66）。

もっと
こんな単語を入れよう♪
☐ 6:05 six (oh) five
☐ 6:10 six ten
☐ 6:40 six forty
☐ 6:50 six fifty

2 1日の生活の言い方

　起きる時間以外に，学校に行く時間や夕食を食べる時間など，毎日の生活の中でのいろいろなことについて，「○時に○○します。」と言えるようになりましょう。

have breakfast	go to school
朝食を食べる	学校に行く

have lunch	go home
昼食を食べる	家に帰る

have dinner	go to bed
夕食を食べる	ねる

I have breakfast at 8:30.

きみは朝ごはんは何時に食べる？

― なぞろう　　　　　　　　　　　― 数字で書こう

I have breakfast at _____

じゃあ，ねるのは何時？

― なぞろう　　　　　　　　　　　― 数字で書こう

I go to bed at _____

haveは「持っている」という意味のほかに，「食べる」という意味もあるんだね。「食べる」は**eat**とも言うよ。

 発音のコツ

go to school, go home, go to bedなどの **go**（行く）は，「ゴー」ではなく「ゴウ」のように発音すると，ぐっと英語らしく聞こえるよ。

❸「いつも」「ふつうは」など

71
　Ⅰのすぐあとに次のような単語を入れると，よりくわしく自分の習慣（しゅうかん）を説明することができます。

always	usually	sometimes
いつも	ふつうは，たいてい	ときどき

　alwaysを100%とすると，usuallyは80%くらい，sometimesは半分以下くらいのイメージです。

> **I always go to bed at 10.**
> （私（わたし）はいつも10時にねます。）
> **I usually go to bed at 10.**
> （私はふつうは10時にねます。）
> **I sometimes go to bed at 10.**
> （私はときどき10時にねます。）

毎日12時間すいみんですが，何か？

I always go to bed at 8:30.

力だめし

📢 答えはp.140へ　　音声は
こちらから 15 　　授業動画は
こちらから 72

音声を聞いて，イラストに合う英語をA，Bから選び，記号を○で囲（かこ）みましょう。

(1) （　A　・　B　）　　　　(2) （　A　・　B　）

What time do you get up?

[何時に起きますか？]

このレッスンのはじめに♪

　今回のレッスンでは，「あなたは何時に起きますか？」のような，する時間をたずねる言い方を学習します。また，「あなたはサッカーをしますか？」「お皿を洗いますか？」のように，いろいろなことについて，ふだんするかどうかをたずねられるようになります。

1 「〜しますか？」の言い方

授業動画は
こちらから

毎日のお手伝いのように習慣として「（ふだん）〜しますか？」と聞くときは，Do you 〜？ を使います。

Do you wash the dishes?
（あなたはお皿を洗いますか。）

これは，ふだんお皿を洗うかどうかを聞く質問です。次のように答えます。

Yes, I do. / No, I don't.
（はい，します。）　（いいえ，しません。）

Do you wash the dishes?
（お皿とか洗う人？）

自分のことについて，Yes, I do. か No, I don't. で答えましょう

（最後にピリオドをつけよう）

皿洗いがうまいことも，モテる男の条件だよね。もちろん，**Yes, I do.** さ！

お皿を洗うお手伝い以外にも，**Do you** のあとに次のような英語を言うことで，習慣について聞くことができます。

wash the dishes お皿を洗う	**cook** 料理をする
have breakfast 朝食を食べる	**play soccer** サッカーをする
watch TV テレビを見る	**read comic books** まんがを読む

Do you have breakfast?
（ちゃんと朝ごはん食べる人？）

> 「毎日」と言いたいときは every day を使います。Do you have breakfast every day? で「毎日朝食を食べますか。」と質問できます。

> ┌─ 自分のことについて，Yes, I do. か No, I don't. で答えましょう

> **Do you watch YouTube?**
> （あなたはユーチューブとか見る人？）

┌─ 自分のことについて，Yes, I do. か No, I don't. で答えましょう

② 何時に起きますか？

 授業動画はこちらから

「あなたは何時に起きますか。」は，次のように言います。

What time do you get up?
（あなたは何時に起きますか。）

😀 **発音のコツ**

What time は「ワット・タイム」のように区切らずに，「ワッターイム」のようにつなげて読むと，より自然な英語に聞こえるよ。

What time do you ○○? で「あなたは何時に○○しますか。」という意味なので，○○の部分にいろいろな英語を入れて，何時に何をするかを質問してみましょう。

have breakfast 朝食を食べる	**go to school** 学校に行く
take a bath おふろに入る	**go to bed** ねる

What time do you ～? と聞かれたら，73ページで学習したように，at を使って時刻を答えればOKです。

I get up at 7:15.
（私は7時15分に起きます。）

What time do you take a bath?
（あなたは何時におふろに入りますか？）

なぞろう

I usually take a bath

at

└ ふだんおふろに入る時刻を数字で書こう

今度はぼくに，学校に行く時間を聞いてみて。

なぞろう

What time do you go

to school?

I go to school at 8:10.
（ぼくは8時10分に学校に行きます。）

75ページで学習した
always（いつも），
usually（たいてい），
sometimes（ときどき）を使うと，自分の生活についてよりくわしく伝えられるよ。

カだめし

🔊 答えはp.140へ

音声は
こちらから 🔊 **16**

授業動画は
こちらから 🖥 75

イラストを見ながら音声を聞いて，ふさわしい答え方をA，Bから選び，記号を○で囲みましょう。

(1) （ A ・ B ）

(2) （ A ・ B ）

17 What time do you get up? 79

レッスン **18**

When is your birthday?

［誕生日はいつですか？］

※ Free Horoscope: 無料星占い

このレッスンのはじめに♪

　今回のレッスンでは，誕生日をたずねる言い方と答え方を学習します。

　英語の月の名前と日付の言い方は，ただ数を言うだけではないので，慣れるまで少し時間がかかるかもしれません。まずは自分の誕生日だけでも，英語で言えるようになりましょう。

1 誕生日の聞き方

授業動画は
こちらから

「誕生日はいつですか。」は，次のように言います。

When is your birthday?
（あなたの誕生日はいつですか。）

Whenは「いつ」，birthdayは「誕生日」という意味です。こう聞かれたら，次のように答えます。

My birthday is May 5th.
（私の誕生日は5月5日です。）

Mayは「5月」という意味です。5thは日付の「5日」の簡単な書き方で，fifthと読みます。

英語の月と日の言い方をくわしく見ていきましょう。

 まずは「月」の言い方をチェックしよう！

発音のコツ

birthday の発音は，日本語の「バースデー」とはかなりちがうよ。[バ〜]とのばす音と**th**の音は，動画のお手本をよく聞いて練習してね。でもひとつだけ簡単なコツがあるよ。「デー」と言わずに[デイ]と言うだけでぐっと英語らしくなるんだ。

2 月の言い方

授業動画は
こちらから

英語では，月にひとつずつ名前がついています。月の言い方を覚えましょう。

 まだ書けなくてもだいじょうぶ！ 英語を聞いて何月かわかるようになろう！

月の名前の最初の文字は，「いつでも必ず大文字で書く」という英語のルールがあるのです。

January	February
1月	2月
March	April
3月	4月

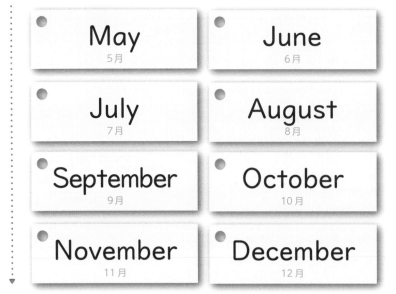

May 5月	**June** 6月
July 7月	**August** 8月
September 9月	**October** 10月
November 11月	**December** 12月

まずは自分の生まれた月や, 自分の好きな月から覚えるといいよ。口に出して言うと, はやく覚えられるよ!

③ 日付の言い方と書き方

授業動画はこちらから 78

「○日」という日付は, 数をふつうに言うのではなく, 特別な言い方を使います。

	1日	2日	3日
【日付の言い方】	first	second	third
【簡単な書き方】	1st	2nd	3rd

1, 2, 3や5, 12あたりが特しゅですが, あとはふつうの数の最後に **th** をつけて言うだけでだいたいOKです!

英語での日付の言い方を, 聞いてわかるようにしましょう。書くときは, 「簡単な書き方」を使ってかまいません。

first 1日 (1st)	**second** 2日 (2nd)	**third** 3日 (3rd)
fourth 4日 (4th)	**fifth** 5日 (5th)	**sixth** 6日 (6th)
seventh 7日 (7th)	**eighth** 8日 (8th)	**ninth** 9日 (9th)

tenth 10日 (10th)	eleventh 11日 (11th)	twelfth 12日 (12th)
thirteenth 13日 (13th)	fourteenth 14日 (14th)	fifteenth 15日 (15th)
sixteenth 16日 (16th)	seventeenth 17日 (17th)	eighteenth 18日 (18th)
nineteenth 19日 (19th)	twentieth 20日 (20th)	thirtieth 30日 (30th)

When is your birthday?

なぞろう
My birthday is

(最後にピリオドをつけよう)

自分の誕生日 (月と日付) を書こう。日付は簡単な書き方でOK

もっと
こんな単語を入れよう♪

twenty-first (21st)
twenty-second (22nd)
twenty-third (23rd)
twenty-fourth (24th)
twenty-fifth (25th)
twenty-sixth (26th)
twenty-seventh (27th)
twenty-eighth (28th)
twenty-ninth (29th)
thirty-first (31st)

力だめし

答えはp.140へ　音声はこちらから 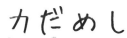　授業動画はこちらから

インタビューの音声を聞いて，それぞれの人物の誕生日として正しいものをA，Bから選び，記号を○で囲みましょう。

(1)

A.　1月1日

B.　2月1日

(2)

A.　6月4日

B.　7月4日

(3)

A.　8月30日

B.　9月30日

レッスン19 What do you want?

[何がほしいですか？]

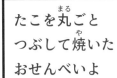

このレッスンのはじめに♪

今回のレッスンでは，「○○がほしいですか。」「何がほしいですか。」という言い方を学習します。

あわせて，身の回りのものの言い方も勉強します。誕生日のプレゼントに何がほしいかを聞くことができるようになります。

1 ○○がほしいですか。

「あなたは○○がほしいですか。」は want（ほしい）を使って，Do you want ○○？ と言います。

たとえば，「あなたはチョコレートがほしいですか。」は，次のように言います。

Do you want chocolate?
（あなたはチョコレートがほしいですか。）

some（いくらか）をつけると，「チョコいる？（あげるよ？）」と友達に気軽にすすめる感じになります。

Do you want some chocolate?
（チョコレートがほしい？／チョコレートいる？）

Do you want some のあとに次のような単語を入れて，「○○がいる？（あげるよ？）」と気軽にすすめる言い方を練習しましょう。

地球にはキノコ型やタケノコ型の興味深いチョコがありますね。

water 水	**tea** お茶	**milk** 牛乳
potato chips ポテトチップ	**cookies** クッキー	**candy** キャンディー，あまいもの

Do you want some cookies?
（クッキーはいる？）

友達にすすめられて「ほしいです。」と言いたいときは，次のように答えます。ていねいな言い方です。

Yes, please. Thank you.
（はい，ください。ありがとう。）

🎵 **話すコツ**

Do you ～? には，ふつうは Yes, I do. か No, I don't. で答えるけど，ものをすすめられたときは Thank you. と言うと感じよく聞こえるんだ。断るときも，I'm OK. Thank you.（私はだいじょうぶ。ありがとう。）のように言おう。

2 何がほしいですか。

「あなたは何がほしいですか。」と言うときは，What を使って，次のように言います。

What do you want?
（あなたは何がほしいですか。）

「誕生日に何がほしいですか。」と聞くときは，次のように言います。

What do you want for your birthday?
（誕生日には何がほしいですか。）

ほしいものを答えるときは，I want ○○. と言います。

What do you want for your birthday?

I want a new ball.
（新しいボールがほしいな。）

いろいろなものの言い方を見てみましょう。あなたのほしいものがありますか？

> ♪ 話すコツ
>
> **What do you want?** は友達などに聞くときの言い方。もっとていねいに聞くときは，109ページで学習する **What would you like?** を使うよ。

> ほしいものの前に **new** をつけると，「新しい○○」という意味になるのね。

bike	comic book	game
自転車	まんが	ゲーム
desk	toy	racket
机	おもちゃ	ラケット
bat	ball	bag
バット	ボール	かばん，バッグ，ポーチ

「セーター」「シャツ」など，身につけるものの言い方も見てみましょう。何かほしいものがありますか？

sweater
セーター

shirt
シャツ

dress
ドレス，ワンピース

jacket
上着

cap
ぼうし

watch
うで時計

What do you want for your birthday?

なぞろう　　自分がほしいものを書こう

I want a

（最後にピリオドをつけよう）

OK!
きみの誕生日にプレゼントするね。

もっと
こんな単語を入れよう♪

☐ book　　本
☐ CD　　　CD
☐ DVD　　DVD
☐ camera　カメラ
☐ globe　　地球ぎ
☐ doll　　　人形
☐ wallet　さいふ
☐ baseball glove
　　野球のグローブ
☐ telescope
　　望遠鏡
☐ skateboard
　　スケートボード
☐ ticket for ～
　　～のチケット

力だめし　　🔊答えはp.140へ　音声はこちらから 18　授業動画はこちらから 82

インタビューの音声を聞いて，それぞれの人物が誕生日にほしいと言っているものをA，Bから選び，記号を〇で囲みましょう。

(1)

A.　新しいボール
B.　新しい自転車

(2)

A.　新しいぼうし
B.　新しいシャツ

(3)

A.　うで時計
B.　まんが

He can dance.

［かれはダンスができます。］

姉ちゃん，早く帰ろうよ〜

ケヴィン特集だけ読ませて!!

Can he dance?
（かれはおどれるのかい？）

ひょこ

校長先生！

Yes!! えーっと
He can dance
and he can sing!!
（かれはおどれるし，
歌えるんです!!）

すくっ

それに
それに!!

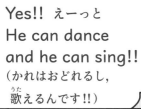

トークもできるし，泳げるし，小指だけ動かせるし，舌で鼻をなめられるし，おいしいご飯だって炊けちゃうし，コーラの一気飲みだってできちゃうし…

ぐい

とにかく最高なの!!!!!

ぐい

ちょっと!!

ケヴィン　インタビュー

日本語になってるから!!

このレッスンのはじめに♪

　今回のレッスンでは，「あなたは○○ができますか。」と質問する言い方と，「私は○○ができます。」「○○ができません。」という言い方を学習します。

　あわせて，自分だけでなく，いろいろな人について「かれは○○ができます。」なども言えるようになります。

1 ○○ができますか。

授業動画は
こちらから

「あなたは○○ができますか。」は，Can you ○○？と言います。たとえば，「あなたは泳げますか。」は，次のように言います。

> # Can you swim? （あなたは泳げますか。）

こう聞かれたら，YesかNoで次のように答えます。

> # Yes, I can. （はい，泳げます。）
> # No, I can't. （いいえ，泳げません。）

質問に，Yes, I can. か No, I can't. で答えましょう。

> Can you swim?

┌ 自分なりの答えを書こう

（最後にピリオドをつけよう）

> じゃあ今度は，ぼくに泳げるかどうか聞いてみて。

┌ 「あなたは泳げますか。」という英語を書こう

Can you

（最後にクエスチョンマークをつけよう）

> No, I can't.

発音のコツ

Can you は「キャン・ユー」と区切らずに，[キャニュー] とつなげて言うのがコツだよ。

canは「できる」という意味です。**swim**（泳ぐ）のような動作を表す単語といっしょに使います。

swimは「泳ぐ」だけど，ちなみに**swimming**は「泳ぐこと＝水泳」，**swimmer**は「泳ぐ人＝水泳選手」という意味だよ。日本語でも「スイミング」とか「スイマー」って言うよね。

2 いろいろな「○○できる？」

Can you のあとに次のような英語を入れると，いろいろなことについて「できる？」と聞けるようになります。

sing
歌う

dance
おどる，ダンスする

cook
料理をする

ski
スキーをする

skate
スケートをする

jump
ジャンプをする

play the piano
ピアノをひく

play the recorder
リコーダーをふく

ride a unicycle
一輪車に乗る

play badminton
バドミントンをする

Can you skate?
（あなたはスケートすることができますか。）

―自分なりの答えを書こう

そっか。じゃあ今度は，ぼくにスキーができるかどうか聞いてみて。

「あなたはスキーができますか。」という英語を書こう

Can you

No, I can't. But I can snowboard.
（いいえ，できません。でもスノーボードはできます。）

well をつけると「上手に」，**fast** をつけると「速く」っていう意味を表せるんだ。
Can you sing well?
（上手に歌えますか。）
Can you run fast?
（速く走れますか。）

もっと
こんな単語を入れよう♪
- □ **ride a bike**
  自転車に乗る
- □ **bake bread**
  パンを（生地から）焼く
- □ **fly**　　飛ぶ

③ できます，できません

授業動画は
こちらから

　「私は○○できます。」は I can ○○., 「私は○○でき
ません。」は I can't ○○. と言います。

> I can swim. （私は泳げます。）
> I can't swim. （私は泳げません。）

😀 発音のコツ

canとcan'tは発音
が似ているので，聞き
まちがえられることが
よくあるんだ。canは
はっきり「キャン」と
は言わずに，弱くさらっ
と [ケン] のように発音
するのがポイント。
can'tは [ケァーント]
のように強く発音する
と通じやすくなるよ。

> 左のページからできることをひとつ選んで，
> 「私は○○できます。」と言ってみよう。

┌─「私は○○できます。」という英語を書こう

↓

**You can do
anything!** （きみは
なんだってできる！）

　I のかわりに人の名前や He （かれ）， She （かのじょ）
などを入れることもできます。

> Kei can dance. （ケイはおどれます。）
> Kiyoshi can't dance. （キヨシはおどれません。）

カだめし

📢 答えはp.141へ　音声は
こちらから **19**

授業動画は
こちらから 86

インタビューの音声を聞いて，それぞれの人物ができることとして正しいものをA，
Bから選び，記号を〇で囲みましょう。

(1)

A．スキー

B．スケート

(2)

A．ダンス

B．料理

(3)

A．料理

B．空を飛ぶ

レッスン 21 I want to go to America.

[アメリカに行きたいです。]

I want to go to America. ♡
（アメリカに行きたいな♡）

ホゥ…

お母さんは海外ドラマ大好きだもんなぁ

アメリカに行ったら自由の女神像を見て…

ポワ〜ン

ダイナーでハンバーガー食べて〜

いいねぇ！

女友達とルームシェアして〜

…ん？

ピク

3人で女優になる夢を追いかけるの…☆

永住しちゃう感じ!?

ウットリ…

ちょっ、ちょっと待って!!

このレッスンのはじめに♪

　今回のレッスンでは，「私はアメリカに行きたいです。」のように，行きたい場所や国を伝える言い方を学習します。

　あわせて，その場所に行ったらしたいことを伝える言い方も学習します。「○○に行って，○○したい。」と言えるようになりますよ。

1 アメリカに行きたいです。

授業動画は
こちらから

「私は○○に行きたいです。」は，「～したい」という意味の want to と，「～へ行く」という意味の go to を使って次のように言います。

> ## I want to go to America.
> （私はアメリカに行きたいです。）

America は正式には **the United States of America** といいます。**the U.S.A.** や **the U.S.** と略すこともあります。

いろいろな国の名前をチェックしましょう。「○○に行きたいです。」と言うときは，I want to go to のあとに国の名前を言うだけでOKです。

❶ **Japan** 日本	❷ **Korea** 韓国	❸ **China** 中国
❹ **Egypt** エジプト	❺ **Kenya** ケニア	❻ **the U.K.** イギリス
❼ **Italy** イタリア	❽ **Russia** ロシア	❾ **Canada** カナダ
❿ **America** アメリカ	⓫ **Brazil** ブラジル	⓬ **Australia** オーストラリア

行きたい国はあるかな？

もっと
こんな単語を入れよう♪
- ☐ **Singapore**
シンガポール
- ☐ **India**
インド
- ☐ **Turkey**
トルコ
- ☐ **Germany**
ドイツ
- ☐ **Spain**
スペイン

② どこに行きたいですか？

授業動画はこちらから

「あなたはどこに行きたいですか。」と聞くときは，次のように言います。

Where do you want to go?
（あなたはどこに行きたいですか。）

じゃあ聞きますよ。
Where do you want to go?

― なぞろう　　　　　　　　　― 自分の行きたい国を書こう

I want to go to
（最後にピリオドをつけよう）

It's a good place!
（いいところですよ！）

じゃあ今度はぼくに，どこに行きたいか聞いてみて。

― なぞろう　　　　― 続きを書こう

Where
（最後にクエスチョンマークをつけよう）

I want to go to space!
（宇宙に行きたい！）

I want to go home!
（家に帰りたい！）

発音のコツ

want to は「ウォント・トゥー・ゴウ」のように区切らずに，「**ワ**ントゥ**ゴウ**」のようにつなげて読むと通じやすくなるよ。

Where do you want to go? の答えは，別に国名じゃなくてもいいんだって。**Paris**（パリ）みたいに都市の名前を答えてもいいよ。

Why?（なぜ？）と聞くと，行きたい理由をたずねられるよ。

❸ 行ったらしたいこと

 I want to のあとに go のかわりに，次のような単語を入れると，表現のはばが広がります。

| see
見る | eat
食べる | buy
買う |

たとえば，次のように言うことができます。

I want to see the Pyramids.
（ピラミッドを見たいです。）

I want to eat pizza.
（ピザを食べたいです。）

I want to buy a watch.
（うで時計を買いたいです。）

「○○に行って，○○したい。」と言うことができますね。

I want to go to India.
（インドに行きたいです。）
I want to eat curry.
（カレーを食べたいです。）

もっと
こんな単語を入れよう♪

☐ **see the Eiffel Tower**
エッフェル塔を見る
☐ **see soccer games**
サッカーの試合を見る
☐ **see a play**
演劇を見る
☐ **eat curry**
カレーを食べる
☐ **buy chocolate**
チョコレートを買う
☐ **buy a T-shirt**
Tシャツを買う

カだめし

 答えはp.141へ　音声はこちらから ◀🔊 20 授業動画はこちらから ⬚90⬚

音声を聞いて，それぞれの人物が行きたい国として正しいものを選び，○で囲みましょう。

(1) （ アメリカ ・ ブラジル ）　　(2) （ イタリア ・ フランス ）

Where is the cat?
[ねこはどこ？]

※ワシの大事な友よ～!!

このレッスンのはじめに♪

　今回のレッスンでは，「○○はどこにいますか？」と場所をたずねる言い方を学習します。

　あわせて，「○○の中です」「○○の上です」のように，ものの位置を表す言い方もマスターしましょう。

1 どこですか？

「○○はどこにいますか？」と場所を聞くときは，「どこ」という意味の Where を使います。

たとえば，「ねこはどこにいますか。」は，次のように言います。

> Where is the cat? （ねこはどこにいますか。）

Where is を短くして Where's と言うことも多いよ。

2 ○○にあります。

場所を答えるときは，次のような単語を使います。よく使われる5つをチェックしておきましょう。

in
〜の中に

on
〜の上に

under
〜の下に

by
〜のそばに

next to
〜のとなりに

「○○の中にあります（います）。」と言うときには，in を使います。

> Where is the cat?
> （ねこはどこにいますか。）
> — It's in the box.
> （箱の中にいます。）

か，かわいい…

こういう状態が in だね。

にゃー

もっと
こんな単語を入れよう♪

- [ ] in the room
  部屋の中に
- [ ] in the bag
  かばんの中に
- [ ] in my house
  私の家の中に
- [ ] in Tokyo 東京に
- [ ] in Japan 日本に

「○○の上にあります（います）。」を言うときは, on を使います。

It's on the box.
（箱の上にいます。）

こういう状態が on だね。

にゃー

「○○の下に」と言うときは, under を使います。

It's under the desk.
（机の下にいます。）

ねこってこういう場所好きだよね…

under は下。

「○○のそばに」と言うときは, by を使います。

It's by the window.
（窓のそばにいます。）

すぐそばが by だよ。

にゃ

「○○のとなりに」と言うときは, next to を使います。

It's next to the dog.
（犬のとなりにいます。）

となりに並んでいる感じね。

にゃー

on は「上にある（いる）」だけではなく, 横でも下でもいいので「くっついている」状態を表します。
A picture is on the wall. なら「絵がかべにかかっています。」とか「絵がかべにはってあります。」という意味です。

Where is our spaceship?（われわれの宇宙船はどこにあるんだ…？）

🙂 発音のコツ

next to は「ネクスト・トゥー」のように区切らずに, [ネクストゥ]のようにつなげて読むほうが自然だよ。

Where is the
computer?
（コンピューターはどこですか。）

desk

もっと
こんな単語を入れよう♪

家の中にあるもの
☐ room　部屋
☐ kitchen　台所
☐ bathroom
　　おふろ，トイレ
☐ window　窓
☐ wall　　かべ
☐ door　　ドア
☐ floor　　ゆか
☐ table　　テーブル
☐ desk　　机
☐ chair　　いす

なぞろう　　　　　　　続きを書こう

It's on the

（最後にピリオドをつけよう）

Where is the dog?
（犬はどこですか。）

table

Where's Kei?
（ケイはどこ？）
− He is in the
kitchen.（台所にい
ます。）のように，人の
いる場所も言えるよ。

なぞろう　　　　　　　続きを書こう

It's under the

力だめし　→答えはp.141へ　音声は こちらから 21　授業動画は こちらから 93

イラストを見ながら音声を聞いて，ふさわしい答え方をA，Bから選び，記号を〇
で囲みましょう。

(1)　（　A　・　B　）　　　　　(2)　（　A　・　B　）

レッスン 23 Where is the post office?

[郵便局はどこですか？]

このレッスンのはじめに♪

今回のレッスンでは，道をたずねる言い方と，その答え方を学習します。

町の中にあるいろいろな建物や施設の場所を聞けるようになるので，旅先でも役に立ちます。また，英語で道を聞かれたときに，しっかりと道案内ができるようになります。

1 道の聞き方

授業動画は
こちらから

「○○はどこにいますか。」は Where is ～？ で聞くのでしたね。道を聞くときも同じです。

たとえば，「郵便局はどこにありますか。」は，次のように言います。

♪ 話すコツ

日本語でも，知らない人にとつぜん「郵便局はどこ？」と聞くのは失礼だよね。人に話しかけるときは，「すみませんが」にあたる **Excuse me.** と言うようにしよう。

Where is the post office?
（郵便局はどこですか。）

町の中のいろいろな建物や施設の言い方をチェックしましょう。

post office	school	park
郵便局	学校	公園

station	hospital	restaurant
駅	病院	レストラン

library	zoo	stadium
図書館	動物園	スタジアム，競技場

supermarket	police station
スーパーマーケット	警察署

ぼくに，「駅はどこですか。」と聞いてみて。

┌ なぞろう　　　　　　　　　┌ 続きを書こう

Where is the

（最後にクエスチョンマークをつけよう）

もっと

こんな単語を入れよう♪
- □ **bank** 銀行
- □ **museum** 美術館・博物館
- □ **aquarium** 水族館
- □ **convenience store** コンビニエンスストア
- □ **department store** デパート
- □ **pharmacy** 薬局

次のページで道案内のしかたを教えるね！

2 道案内のしかた

授業動画は
こちらから 95

道案内には，いくつか基本の表現があります。これらを組み合わせると簡単に道案内ができます。「まっすぐ行ってください。」は，次のように言います。

Go straight. （まっすぐ行ってください。）

「2ブロック（区画）まっすぐ行ってください。」のように言えば，どこまで行けばいいのかを伝えられます。

Go straight for two blocks.
（2ブロックまっすぐ行ってください。）

「（左右に）曲がってください。」は，次のように言います。

Turn right. / Turn left.
（右に曲がってください。）　　（左に曲がってください。）

「2つ目の角で右に曲がってください。」は，at the second corner をつけて次のように言います。

Turn right at the second corner.
（2つ目の角で右に曲がってください。）

上の表現を組み合わせて道案内をしてみましょう。たとえば，右の地図で駅までの道案内をするときは，次のようになります。

Go straight for two blocks and turn right.
（2ブロックまっすぐ行って，右に曲がってください。）

もっと

こんな単語を入れよう♪

☐ **for one block**
1ブロック

☐ **for two blocks**
2ブロック

☐ **for three blocks**
3ブロック

もっと

こんな単語を入れよう♪

☐ **at the first corner**
最初の角で

☐ **at the second corner**
2つ目の角で

☐ **at the third corner**
3つ目の角で

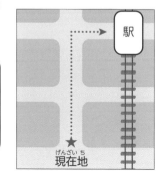

駅

現在地

3 右側に見えますよ。

道順を案内した最後に，「(目的地は) 右側に見えます
よ。」などと言えれば，よりわかりやすくなりますね。

You can see it on your right.
（右側に見えますよ。）

right を left にすれば「左側に」になります。

Where is the park?
（公園はどこですか。）

ーなぞろう。

Turn left at the first corner.

Thank you!
（ありがとう！）

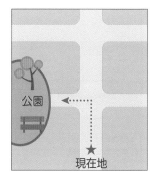

公園

★
現在地

> ♪ **話すコツ**
>
> 道を教えてもらったとき
> は必ず **Thank you.**
> （ありがとう。）とお礼を
> 言おう。反対にお礼を言
> われたときは **You're**
> **welcome.**（どういた
> しまして。）と答えるとお
> たがいに気持ちがいいね。

力だめし

➡答えはp.141へ

答えはp.141へ

音声は
こちらから **22**

授業動画は
こちらから **97**

地図を見ながら音声を聞いて，それぞれの場所はどこか，記号を書きましょう。

ア　イ　ウ

(1) 郵便局（ゆうびんきょく）

（　　　　）

(2) 駅

（　　　　）

(3) 公園

（　　　　）

Who is this?

［これはだれ？］

このレッスンのはじめに♪

　今回のレッスンでは，写真を見せて「これは○○です。」としょうかいしたり，「これはだれですか。」と聞いたりする言い方を学習します。

　あわせて，その人の得意なことや，その人がどんな人なのかなどをしょうかいする言い方も学習します。

1 これは母です。

写真などを見せながら,「これは母です。」のようにしょうかいするときは, 次のように言います。

This is my mother. （これは私の母です。）

家族の言い方をチェックしましょう。

father 父	mother 母
brother 兄, 弟	sister 姉, 妹
grandfather 祖父	grandmother 祖母

じゃあ, だれか女性の家族か友達を1人, 写真を見せながらしょうかいしてみて。

─なぞろう ─母・姉・妹・祖母などを入れよう

This is my

（最後にピリオドをつけよう）

Oh, she is charming!
（おー！ すてき！）

「これはだれですか。」は, 次のように言います。

Who is this? （これはだれですか。）

英語では, お兄ちゃんも弟も区別せずにどちらも brother と言うんだ。sister も同じ。年上か年下かはそれほど気にしない文化なんだね。

話すコツ

あらたまった場面以外では, father は dad (パパ), mother は mom (ママ) と言うことも多いよ。子どもらしい言い方だね。grandpa (おじいちゃん), grandma (おばあちゃん) もよく使われるよ。

もっと

こんな単語を入れよう♪

- □ great-grandfather そう祖父
- □ great-grandmother そう祖母
- □ cousin いとこ
- □ uncle おじ
- □ aunt おば
- □ friend 友達
- □ classmate クラスメイト
- □ neighbor ご近所さん

2 かれは○○が得意です。

人について,「かれは○○が得意です。」のようにしょうかいするときは, He is good at ○○ . と言います。たとえば,「かれは料理が得意です。」は次のように言います。

He is good at cooking.
(かれは料理が得意です。)

自分が得意なことを言うときは, I'mを使って I'm good at cooking.（私は料理が得意です。）のように言えばいいですよ。

女性の場合は She (かのじょは) を使います。

She is good at cooking.
(かのじょは料理が得意です。)

good at のあとに次のような単語を入れることで, いろいろなことについて「○○が得意です」と言うことができます。

baseball	sports	math
野球	スポーツ	算数

cooking	singing	swimming
料理	歌うこと	水泳

前のページでしょうかいしてくれた女性の得意なことを教えて。

┌なぞろう   ┌得意なことを入れよう

She is good at

Oh, she is cool!
(おー！ かっこいい！)

もっと
こんな単語を入れよう♪

- [ ] **soccer** サッカー
- [ ] **tennis** テニス
- [ ] **English** 英語
- [ ] **science** 理科
- [ ] **video games**
  テレビゲーム
- [ ] **drawing**
  絵をかくこと
- [ ] **playing the piano**
  ピアノをひくこと

❸ かれは○○です。

授業動画は
こちらから 100

性格などについて，「かれは○○です。」としょうかいするときは，He is ～ . と言います。たとえば，「かれは親切です。」は，次のように言います。

He is kind.（かれは親切です。）

男性の場合は He（かれは），女性の場合は She（かのじょは）を使うのでしたね。どんな人なのかを表す単語には，次のようなものがあります。

もっと
こんな単語を入れよう♪
□ **cool**
かっこいい，冷静な
□ **busy** いそがしい
□ **tall** 背が高い
□ **beautiful** 美しい

kind
親切な

nice
やさしい，すてきな

friendly
気さくな，友好的な

funny
おもしろい

smart
頭がいい

brave
勇気がある，勇かんな

This is my sister. She is brave.
（これは私の姉です。 かのじょは勇気があります。）

力だめし

答えはp.142へ　音声はこちらから 23　授業動画はこちらから 101

音声を聞いて，それぞれの人物しょうかいとして正しいものをA，Bから選び，記号を○で囲みましょう。

(1)

A.　ピアノが得意な母

B.　歌が得意な姉

(2)

A.　水泳が得意な父

B.　料理が得意な祖父

(3)

A.　親切なおば

B.　勇気がある母

レッスン 25 How much is it?

［いくらですか。］

本場アメリカの味なんだって！

HAMBURGER

わいわい

Hi!
（いらっしゃいませ）

What would you like?
（何になさいますか？）

お店の中も本場だー!!

ここはボクが…

Uh ... I'd like ...
（えー…）

キラキラ

えっ，ケイ，英語で注文できるの!?

ヤ…カッコイイ…

your smile!!
（あなたの笑顔をください!!）

はァ…

やっぱ，ケイはケイだったわ…

このレッスンのはじめに♪

　今回のレッスンでは，レストランやファストフード店などで「何がほしいですか。」「○○をください。」というやりとりをする言い方と，「いくらですか。」とたずねる言い方を学習します。

　あわせて，「○○円です。」のように値段も言えるようになりましょう。

1 何がほしいですか。

[102]

Lesson 19で，「何がほしいですか。」は What do you want? と言う，と学習しましたね。

これを次のように言うと，もっとていねいで大人っぽい言い方になります。

😀 発音のコツ

would you は [ウッデュー] のようにつなげて言うのがコツだよ。

What would you like?
（何がほしいですか。）

 What do you want? は「何がほしい？」で，What would you like? は「何がよろしいですか。」みたいな感じかな。

like は「好きだ」という意味ですが，would like は「ほしい」という意味になります。ちなみに I'd like の I'd は，I would を短くした言い方ですよ。

「私は○○がほしいです。」も次のように言うと，I want ○○. よりもていねいな言い方になります。

I'd like a hamburger.
（ハンバーガーがほしいです。／　ハンバーガーをください。）

食べ物の言い方をチェックしましょう。

a cheeseburger チーズバーガー	**French fries** フライドポテト
fried chicken フライドチキン	**a salad** サラダ

What would you like?

もっと
こんな単語を入れよう♪
- ☐ **a sandwich**
　サンドイッチ
- ☐ **chicken nuggets**
　チキンナゲット
- ☐ **ice cream**
　アイスクリーム

なぞろう　　　ほしい食べ物を書こう

I'd like

（最後にピリオドをつけよう）

飲み物を注文してみましょう。

もっと
こんな単語を入れよう♪

What would you like to drink?
（お飲み物は何がよろしいですか。）

□ **orange juice**
　　オレンジジュース
□ **cola**　コーラ
□ **coffee**　コーヒー
□ **tea**　紅茶，お茶
□ **milk**　牛乳
□ **soda**　ソーダ
□ **water**　水
□ **mineral water**
　　ミネラルウォーター

なぞろう　　　ほしい飲み物を書こう

I'd like

---

2 いくらですか。

授業動画は
こちらから

103

値段を聞きたいときは，次のように言います。

How much is it?　（それはいくらですか。）

　How much は，「（値段が）いくら」という意味です。「ハンバーガーはいくらですか。」のように具体的に聞きたいときは，次のように言えばOKです。

How much is the hamburger?
（ハンバーガーはいくらですか。）

How many （いくつ）は「数」を，How much（いくら）は「値段」をたずねる言い方です。

ぼくに，「ピザ（the pizza）はいくらですか。」って聞いてみて。

なぞろう　　　続きを書こう

How

（最後にクエスチョンマークをつけよう）

♪ **話すコツ**

値段を英語で言われると，聞き取れないことも多いもの。聞き取れなかったときは，最後を上げ調子にして **I'm sorry?** ♪と言ってみよう。もう一度言い直してくれるよ。聞き取れなかったときは，あせらずに聞き返そう！

It's 800 yen. （800円です。）

3 100以上の数

100以上の数は，次のように言います。

one hundred	two hundred
100	200

あとは同じです。300 は three hundred, 400 は four hundred, 500 は five hundred … となるだけですよ。

101や150などは次のように言います。

hundred のあとの
and は，あってもな
くてもいいよ。

101	one hundred and one
150	one hundred and fifty
151	one hundred and fifty-one
220	two hundred and twenty
⋮	
999	nine hundred and ninety-nine

力だめし

答えはp.142へ

答えはp.142へ

音声は
こちらから 24

授業動画は
こちらから 105

音声を聞いて，会話の内容に合うものや値段をA，Bから選び，記号を〇で囲みましょう。

(1)

A. ピザ

B. ハンバーガー

(2)

A. 200円

B. 300円

(3)

A. 180円

B. 280円

レッスン 26 I'm from Okinawa.
[私は沖縄の出身です。]

このレッスンのはじめに♪

　今回のレッスンでは，自己しょうかいの言い方を復習します。また，自分の出身地を伝える言い方や，自分のニックネームを伝える言い方も学習します。
　自分がいちばん好きなものも伝えられるようになります。

1 自己しょうかいの復習

　自分のことをもっとくわしく伝えられるように，自己しょうかいの復習をしましょう。

　まず，お手本としてエイジの自己しょうかいを聞いてみてください。

Hello. I'm Eiji.
I'm eleven. I like curry.
My birthday is January 1st.
（こんにちは。ぼくはエイジです。
ぼくは11さいです。ぼくはカレーが好きです。
ぼくの誕生日は1月1日です。）

じゃあ今度は自分の自己しょうかいをしてみて。復習だからだいじょうぶ！

↓なぞろう　↓自分の名前を書こう

I'm

（最後にピリオドをつけよう）

↓自分の年れいを書こう

I'm

↓自分の好きなものを書こう

I like

My birthday is

↓自分の誕生日を書こう

Very good! Thank you!
（すごくいいね！ ありがとう！）

年れいはp.61を，誕生日はp.81～83を見直そう！

好きなものは，生き物（p.33）や色（p.37），食べ物（p.38～39），スポーツ（p.41），教科（p.42）などから入れてください！

2 ○○の出身です。

授業動画は
こちらから

「私は○○の出身です」は，次のように言います。自分の出身の国や都道府県，市町村を伝えることができます。

I'm from Tokyo. （私は東京の出身です。）

あなたはどこの出身ですか？

┌ なぞろう　　　　　　┌ 出身地を書こう

I'm from

Great!
（すごいですね！）

> 「日本の東京の出身です。」と言いたいときは，**I'm from Tokyo, Japan.** と言うんだって。

3 ニックネームは○○です。

授業動画は
こちらから

自己しょうかいでニックネームを伝えると相手とぐっと仲良くなれるかもしれません。次のように伝えましょう。

My nickname is USA-ojisan.
（私のニックネームはＵＳＡおじさんです。）

My nickname is AG.
きみのニックネームも教えて。

┌ なぞろう　　　　　　　　　┌ ニックネームを書こう

My nickname is

♪ 話すコツ
特に長めの名前の人は，**Please call me ○○.** （私のことは○○と呼んでください。）のようにニックネームを伝えると相手が呼びやすいよ。**I'm Toshiharu. Please call me Toshi.** のように言おう。

114

4 いちばん好きな◯◯は…です。

授業動画は
こちらから

「私のいちばん好きな◯◯は…です。」は，「いちばん好きな」という意味の favorite を使って，My favorite ◯◯ is …. と言います。たとえば，「私のいちばん好きな食べ物はピザです。」は，次のように言います。

My favorite food is pizza.
（私のいちばん好きな食べ物はピザです。）

上の文の food を次のような単語に変えると，いろいろなジャンルについていちばん好きなものをしょうかいできます。

sport スポーツ	color 色	subject 教科
movie 映画	song 歌	season 季節
singer 歌手	comedian お笑い芸人，コメディアン	TV program テレビ番組

カだめし

🔊 答えはp.142へ

音声は
こちらから  25

授業動画は
こちらから 110

音声を聞いて，内容と合っているものをA，Bから選び，記号を◯で囲みましょう。

(1)

A．アメリカ出身，野球が好き

B．カナダ出身，スキーが好き

(2)

A．東京出身，ステーキが好き

B．大阪出身，カレーが好き

レッスン 27 Welcome to our town.

[私たちの町にようこそ。]

このレッスンのはじめに♪

　今回のレッスンでは，「私たちの町には○○があります。」のように自分の住んでいる町にあるものを伝えたり，「私たちの町では○○が楽しめます。」のようにどんなことが楽しめるかを伝えたりする言い方を学習します。

　世界の人たちに，自分の町のよさを伝えることができたらすてきですね。

❶ 私たちの町には○○があります。

授業動画は
こちらから

　自分たちの町にあるものを伝えるときは We have 〜.（私たちは〜を持っています。）という表現を使います。たとえば，「私たちの町にはお城があります。」は，次のように言います。

> 「町」なら **town**，「村」なら **village**，「市」なら **city** を使うよ。

We have a castle in our town.
（私たちの町にはお城があります。）

　We have のあとに次のような英語を入れて，自分の住んでいる町のじまんをしましょう。

a castle	a beach	a temple
お城	ビーチ，砂はま	お寺

a museum	a zoo	a stadium
美術館・博物館	動物園	スタジアム・競技場

a park	a library	a forest
公園	図書館	森

　big（大きい）をつけて We have a big castle.（大きいお城があります。）と言ったり，famous（有名な）をつけて We have a famous temple.（有名なお寺があります。）と言ったりすることもできます。

> あなたの町にあるものを教えてください。

┌ なぞろう　　　　　　┌ 自分の町にあるものを書こう

We have

in our town.

もっと
こんな単語を入れよう♪

- ☐ **a river** 川
- ☐ **a garden** 庭園
- ☐ **a market** 市場
- ☐ **a factory** 工場
- ☐ **a hospital** 病院
- ☐ **an aquarium** 水族館
- ☐ **hot springs** 温泉
- ☐ **mountains** 山

2 ○○を楽しめます。

授業動画は
こちらから ···· 112

　自分たちの町で楽しめることを伝えるには，You can enjoy 〜.（あなたは〜を楽しめます。）という表現を使います。たとえば，「私たちの町ではスキーを楽しめます。」は，次のように言います。

> enjoyは「楽しむ」という意味。日本語でも「エンジョイする」って言うよね。

> ## You can enjoy skiing in our town.
> （私たちの町ではスキーを楽しめます。）

　You can enjoy のあとに次のような英語を入れて，楽しめることをしょうかいしましょう。

fishing つり	**camping** キャンプ	**shopping** 買い物
hiking ハイキング	**swimming** 水泳	**skiing** スキー
delicious food おいしい食べ物	**the festival** お祭り	

> You can enjoy hiking in our town.
> （ぼくたちの町ではハイキングが楽しめるよ。）

> きみの町で楽しめるものを教えて。

> **You can enjoy delicious food!**
> うちのお店があるからね！

　なぞろう　　　　　自分の町で楽しめるものを書こう

> You can enjoy
>
> 　　　　　　　　in our town.

118

3 ○○が見えます。

授業動画は
こちらから　113

　自分の住む町などで，「○○を見ることができます。」と言うときは，You can see ○○. を使います。たとえば，「星がたくさん見えます。」は，次のように言います。

> # You can see a lot of stars.
> （たくさんの星を見ることができます。）

　You can see のあとに，次のような英語を入れることができます。

もっと
こんな単語を入れよう♪

- ☐ **a lot of people**
  たくさんの人
- ☐ **the beautiful sea**
  美しい海
- ☐ **a beautiful forest**
  美しい森林
- ☐ **a lot of snow**
  たくさんの雪

a lot of stars たくさんの星	**a lot of trees** たくさんの木
beautiful mountains 美しい山	**beautiful flowers** 美しい花
a beautiful river 美しい川	**tall buildings** 高いビル

カ だ め し

答えはp.142へ　音声は
こちらから　26　　授業動画は
こちらから　114　

音声を聞いて，イラストに合う英語をA，Bから選び，記号を○で囲みましょう。

(1) （　A　・　B　）　　　　　(2) （　A　・　B　）

レッスン 28 How was your summer?
［夏はどうだった？］

このレッスンのはじめに♪

　今回のレッスンでは，夏休みに行った場所やそこでしたことなどを伝える言い方を学習しましょう。

　「○○に行きました。」「○○を楽しみました。」などのほか，「楽しかったです。」のような感想も言えるようになります。

1 夏に行った場所

授業動画は
こちらから　115

「私はこの夏，○○に行きました。」は，I went to ○○ this summer. と言います。

たとえば，「私は海に行きました。」は，次のように言います。

I went to the sea this summer.
（私はこの夏，海に行きました。）

いろいろな場所に「行きました」と言えるようになりましょう。

> **went**（行った）は，**go**（行く）が変化した形。過去のことを言うときに使うから過去形というんですよ。

the sea 海	**the mountains** 山	**a zoo** 動物園
an aquarium 水族館	**a planetarium** プラネタリウム	**a concert** コンサート
an amusement park 遊園地	**my grandparents' house** 祖父母の家	

I went to a zoo this summer.
（ぼくはこの夏，動物園に行ったよ。）

この夏にどこに行ったか教えて！

> **I went to Tokyo.**（私は東京に行きました。）とか，**I went to Okinawa.**（私は沖縄に行きました。）のように地名を言ってももちろんOKだよ！

なぞろう　　行った場所を書こう

I went to

this summer.

② 楽しんだこと，見たもの など

授業動画は
こちらから　116

楽しんだことを伝えるには，I enjoyed ○○．と言えばOKです。たとえば，「私は水泳を楽しみました。」は，次のように言います。

> ## I enjoyed swimming.
> （私は水泳を楽しみました。）

enjoyed のあとに次のような英語を続ければ，いろいろなことを「楽しみました」と言うことができます。

fishing	swimming	shopping
つり	水泳	買い物

camping	talking	a barbecue
キャンプ	おしゃべり	バーベキュー

「私は○○を見ました。」は，I saw ○○．と言います。

saw は see（見る）の過去形だよ。

> ## I saw a lot of stars.
> （私はたくさんの星を見ました。）

I sawのあとには，たとえば次のような英語を入れます。

a lot of stars	a lot of animals
たくさんの星	たくさんの動物

a lot of fish	fireworks
たくさんの魚	花火

I enjoyed camping.
I saw a lot of stars.
（キャンプを楽しんで，たくさんの星を見たよ。）

もっと
こんな単語を入れよう♪
- ☐ **a movie** 映画
- ☐ **a beetle** カブトムシ

③ どうだった？

授業動画は
こちらから

「夏休みはどうだった？」と感想を聞くときは，次のように言います。答え方とあわせて覚えましょう。

How was your summer
vacation? （あなたの夏休みはどうでしたか。）
— It was great. / It was fun.
（すばらしかったです。） （楽しかったです。）

もっと
こんな単語を入れよう♪

☐ **fantastic**
　すばらしい
☐ **boring**
　つまらない
☐ **exciting**
　わくわくさせる

ぼくの夏休みはどうだったか，聞いてみて！

What did you see?（あなたは何を見ましたか。）と聞くと，何を見たのかたずねることができますよ。

─なぞろう　　─続きを書こう

How

（最後にクエスチョンマークをつけよう）

It was great!

力だめし

答えはp.143へ

音声はこちらから

授業動画はこちらから

音声を聞いて，イラストに合う英語をA，Bから選び，記号を〇で囲みましょう。

(1) （ A ・ B ）　　　　(2) （ A ・ B ）

My best memory
[いちばんの思い出]

このレッスンのはじめに♪

　今回のレッスンでは，小学校生活の思い出を伝える言い方を学習します。

　いろいろな学校行事や，何をしたのか，どうだったのか，などを伝えられるようになります。

1 いちばんの思い出は○○です。

　小学校生活でいちばんの思い出は何ですか？ 「あなたのいちばんの思い出は何ですか。」と聞くときは，次のように言います。

> ## What's your best memory?
> （あなたのいちばんの思い出は何ですか。）

　memory は「思い出」という意味です。こう聞かれたら，次のように答えましょう。

> ## My best memory is our school trip.
> （私のいちばんの思い出は修学旅行です。）

　いろいろな学校行事の言い方をチェックしましょう。My best memory is our ○○. の形で言えばOK です。

もっと
こんな単語を入れよう♪
- ☐ **volunteer day**　ボランティアデー
- ☐ **swimming meet**　水泳大会
- ☐ **entrance ceremony**　入学式

school trip 修学旅行	field trip 遠足, 社会科見学	sports day 運動会
drama festival 学芸会	music festival 音楽祭	
chorus contest 合唱コンクール	summer vacation 夏休み	

　「いちばん好きな，お気に入りの」という意味のfavorite を使って，次のように言うこともできます。

What's your favorite ○○? で相手のいろいろな好みを聞けますよ。

> ## What's your favorite memory?
> ## — My favorite memory is our field trip.
> （あなたのお気に入りの思い出は何ですか。— 私のお気に入りの思い出は遠足です。）

2 ○○に行きました。

　いちばんの思い出について, もう少しくわしく言ってみましょう。

　たとえば,「私たちは○○に行きました。」と行った場所を伝えるときは, We went to ○○. と言います。

> went や saw のほかにも,「演奏しました」や「(サッカーなどの競技)をしました」なら played,「歌いました」なら sang を使いますよ。

We went to Nikko.
（私たちは日光に行きました。）

> 遠足でどこに行ったのか教えて！

┌─ なぞろう　　　　　┌─ 地名を書こう

We went to _____

（最後にピリオドをつけよう）

> Really? That's a good place!
> （本当？ いいところだよね！）

　We は「私たち」という意味です。

　「私たちは○○を楽しみました。」と楽しんだことを伝えるときは, We enjoyed ○○. と言います。

We enjoyed talking.
（私たちはおしゃべりを楽しみました。）

もっと
こんな単語を入れよう♪

- □ camping
　キャンプ
- □ shopping
　買い物
- □ sightseeing
　観光
- □ singing
　歌うこと
- □ dancing
　おどること

　また,「私たちは○○を見ました。」と見たものを伝えるときは, We saw ○○. と言います。

We saw a beautiful temple.
（私たちは美しいお寺を見ました。）

もっと
こんな単語を入れよう♪

- □ the National Diet Building
　国会議事堂
- □ a big shrine
　大きな神社

❸ すごく楽しかったです。

授業動画は
こちらから　

「どうでしたか？」と感想を聞くときは，次のように言います。

> ### How was it? (どうでしたか。)

こう聞かれたら，It was ○○.（○○でした。）と答えます。

> ### It was great. (すばらしかったです。)

It was のあとには，次のような言葉が入ります。

もっと
こんな単語を入れよう♪
- ☐ wonderful
  すばらしい
- ☐ cool
  かっこいい
- ☐ interesting
  おもしろい

great すばらしい	**exciting** わくわくさせる	**fantastic** (感動的に) すばらしい
beautiful 美しい		**a lot of fun** とても楽しい

力だめし

➡ 答えはp.143へ　音声は こちらから 28　授業動画は こちらから

音声を聞いて，イラストに合う英語をA，Bから選び，記号を〇で囲（かこ）みましょう。

(1) （ A ・ B ）

(2) （ A ・ B ）

レッスン30 What do you want to be?

［何になりたいですか。］

このレッスンのはじめに♪

　最後のレッスンは，「私は〇〇をしたいです。」のように，中学校に入ったらしてみたいことを伝える言い方を学習します。

　また，「私は〇〇になりたいです。」のように，将来なりたい職業も言えるようにもなります。

1 中学校でしたいこと

「私は中学校で○○したいです。」のように，中学校に入ったらしたいことを伝えるときには，I want to ○○ in junior high school. と言います。

たとえば，「中学校に入ったら友達をたくさん作りたいです。」は，次のように言います。

> # I want to make a lot of friends in junior high school.
> （私は中学校に入ったら友達をたくさん作りたいです。）

> 「小学校」は elementary school，「中学校」は junior high school というよ。

I want to のあとには次のような言葉が入ります。

make a lot of friends
友達をたくさん作る

study hard
一生けんめい勉強する

read a lot of books
本をたくさん読む

enjoy the school festival
学園祭を楽しむ

中学校に入ったらやりたいことを教えて！

なぞろう　　　したいことを書こう

I want to _____

_____ in junior high school.

もっと

こんな単語を入れよう♪

□ **study ○○ hard**
一生けんめい
○○を勉強する

□ **practice ○○ every day**
毎日○○を練習する

Sounds good!
（それはいいですね！）

2 ○○部に入りたい。

授業動画は
こちらから 124

 I want to ○○. を使えば，中学校で入りたい部活を言うこともできます。

たとえば，「サッカー部に入りたいです。」は，次のように言います。

> ### I want to join the soccer team.
> （私はサッカー部に入りたいです。）

I want to join the のあとに，次のような部活名を言いましょう。あなたの入りたい部活は何ですか？

もっと
こんな単語を入れよう♪

- □ baseball team
  野球部
- □ table tennis team
  卓球部
- □ dance team
  ダンス部
- □ chorus　合唱部
- □ manga club
  まんが部
- □ cooking club
  料理部

tennis team テニス部	**basketball team** バスケットボール部
soccer team サッカー部	**track and field team** 陸上部
drama club 演劇部	**brass band** ブラスバンド

3 将来何になりたい？

授業動画は
こちらから 125

 将来なりたい職業を聞くときは，次のように言います。

> ### What do you want to be in the future?
> （あなたは将来何になりたいですか。）

たとえば，「医師になりたいです。」なら，次のように言います。

> ### I want to be a doctor.
> （私は医師になりたいです。）

もっと
こんな単語を入れよう♪

- □ ○○ player
  ○○選手
- □ game creator
  ゲームクリエイター
- □ pastry chef
  パティシエ
- □ nursery teacher
  保育士
- □ hairdresser
  美容師

I want to be a のあとに，次のような職業名を言いましょう。あなたのなりたい職業はありますか？

singer 歌手	teacher 教師	cook 料理人
scientist 科学者	nurse 看護師	pharmacist 薬ざい師
researcher 研究者	designer デザイナー	pilot パイロット

What do you want to be in the future?

もっと
こんな単語を入れよう♪
- □ vet じゅう医師
- □ zookeeper 動物園の飼育員
- □ comedian コメディアン
- □ police officer 警察官

なぞろう　　　　なりたい職業を書こう
I want to be a
（最後にピリオドをつけよう）

カだめし

答えはp.143へ　音声はこちらから　29　授業動画はこちらから　126

音声を聞いて，それぞれの人物の入りたい部活，または，なりたいものをA，Bから選び，記号を〇で囲みましょう。

(1)

A. ブラスバンド

B. テニス部

(2)

A. 歌手

B. 看護師

(3)

A. 先生

B. 料理人

Epilogue
[エピローグ]

みんな，ずいぶん英語で
コミュニケーションできるように
なったねー!!

英語なんて無理って
思ってたけど，
すっかり大好きになったよ！

うん，うん!!

それもこれも，校長先生が
体をはって英語をがんばる
きっかけをくれて…

テレテレ

いやいや～!

ニックマンとハカーセが
わかりやすく英語を
教えてくれて…

そして USA おじさんが
英語をおそれない心を
教えてくれたおかげね

ああ…，おかげで
英語を話すはずかしさも
だいぶなくなったよ

英語はFriend
だZE!!

やっぱり師匠は
スゴイぜ!!

…というわけで

ゴホン

そろそろ星に
帰ろうと思うんだ

え～～～～っ!!!
どういうわけ!?

みんな校長先生と
コミュニケーション
できるようになったし,

当初の目的だった
「地球人と仲良くなる」ことも
達成できましたしね!

そんなぁ…
ずっと地球にいたら
いいじゃん!

もっとエイジたちと
遊んでいたいけど,

いつまで
遊んでるの!?

カン

カン

早く帰って
来なさい!!

って, ぼくの
お母さんが…

お母さんが
そう言うなら
しょうがないか…

納得するの
はやっ!

ブル
ブル

は, 早く
帰らないと…

しょんぼり…

134

そして —

 力だめしの答え・読まれた英語

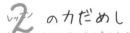
Answers

1 のカだめし　　　　　　p. 15

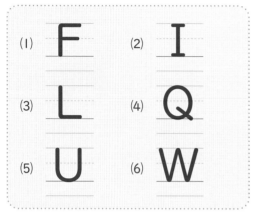

(1) F　　(2) I

(3) L　　(4) Q

(5) U　　(6) W

解説

(1) 上の横棒よりも下の横棒を短く書きます。

(5) Vとのちがいに注意しましょう。

2 のカだめし　　　　　　p. 19

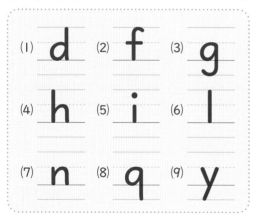

(1) d　(2) f　(3) g

(4) h　(5) i　(6) l

(7) n　(8) q　(9) y

解説

(1) aとのちがいをはっきりさせるため，縦棒をいちばん上までしっかりのばしましょう。

(3) 縦棒をいちばん下までのばします。

(4) nとのちがいをはっきりさせるため，縦棒をいちばん上までしっかりのばしましょう。

(7) hとのちがいをはっきりさせるため，縦棒をのばしすぎないようにしましょう。

(8) pとまちがえないように注意しましょう。

(9) ななめの線をいちばん下の線までのばします。

3 のカだめし　　　　　　p. 23

(1) B　(2) A　(3) A　(4) A

読まれた英語

(1) 校長先生: Hello. How are you?

アキナ: (A) You're welcome. (B) I'm good, thank you. How are you?

[意味] 校長先生: こんにちは。元気ですか。

アキナ: (A) どういたしまして。 (B) 元気です，ありがとうございます。あなたは元気ですか。

(2) 校長先生: Good evening.

アキナ: (A) Good evening. (B) I'm sorry.

[意味] 校長先生: こんばんは。

アキナ: (A) こんばんは。(B) ごめんなさい。

(3) エイジ: Hi. I'm Eiji. Nice to meet you.

女性: (A) Nice to meet you, too, Eiji. (B) See you.

[意味] エイジ: こんにちは。私はエイジです。はじめまして。

女性: (A) こちらこそはじめまして，エイジ。 (B) またね。

(4) ケイ：Here you are.

　　女性：(A) Thank you.　(B) How are you?

［意味］ケイ：はい，どうぞ。

　　女性：(A) ありがとう。　(B) 元気ですか。

4 の力だめし　　　　　p. 27

(1) Nice to meet you.

(2) How are you?

(3) Thank you.

5 の力だめし　　　　　p. 31

(1) 例 I'm Ken.

または My name is Ken.

(2) Usa

解説

(1) I'm または My name is のあとに自分の名前をローマ字で書きましょう。ローマ字の書き方は29ページで確認してください。

読まれた英語

(2) 宇佐さん：Hi.　My name is Usa.　Nice to meet you.

女性：Nice to meet you, too, Mr. Usa. How do you spell your name?

宇佐さん：U-S-A.　Usa.

［意味］宇佐さん：こんにちは。私の名前は宇佐です。はじめまして。

　　女性：はじめまして，宇佐さん。あなた

の名前はどのようにつづるのですか。

宇佐さん：U, S, A。宇佐です。

6 の力だめし　　　　　p. 35

(1) B　(2) A

読まれた英語

(1) 校長先生：(A) I like dogs.　(B) I don't like dogs.

［意味］校長先生：(A) 私は犬が好きです。(B) 私は犬が好きではありません。

(2) アキナ：(A) I like snakes.　(B) I don't like snakes.

［意味］アキナ：(A) 私はヘビが好きです。(B) 私はヘビが好きではありません。

7 の力だめし　　　　　p. 39

(1) 好き　(2) 好きではない　(3) 好き

読まれた英語

(1) アキナ：Do you like green?

校長先生：Yes, I do.　I like green.

［意味］アキナ：緑色は好きですか。

校長先生：はい，好きです。緑色は好きです。

(2) アキナ：OK.　Do you like carrots?

校長先生：Carrots?　No, I don't. I don't like carrots.

［意味］アキナ：わかりました。ニンジンは好きですか。

校長先生：ニンジン？ いいえ，好きではありません。ニンジンは好きではありません。

(3) アキナ：Do you like pizza?

校長先生：Yes, I do.　I love pizza.

［意味］アキナ：ピザは好きですか。

校長先生：はい，好きです。ピザは大好

きです。

8 のカだめし　　　　p. 43

(1) サッカー　(2) 体育

読まれた英語

(1) アキナ: What sport do you like?
　校長先生: I like soccer.
　アキナ: Soccer. OK.
[意味] アキナ: 何のスポーツが好きですか。
　校長先生: 私(わたし)はサッカーが好きです。
　アキナ: サッカーですね。わかりました。
(2) アキナ: What subject do you like?
　校長先生: I like P.E.
　アキナ: P.E. I see. Thank you.
[意味] アキナ: 何の教科が好きですか。
　校長先生: 私は体育が好きです。
　アキナ: 体育ですね。わかりました。あ
りがとうございます。

9 のカだめし　　　　p. 47

(1) (ア) B　(イ) B
(2) What's this?

読まれた英語

(1) (ア) 女性(じょせい): What's this?
　ケイ: (A) Yes, it is. (B) It's green tea.
[意味] 女性: これは何ですか。
　ケイ: (A) はい, そうです。(B) 緑茶です。
(イ) ニックマン: Is this chicken?
　アキナ: (A) Yes, it is. It's pork.
　(B) No, it's not. It's pork.
[意味] ニックマン: これはとり肉ですか。
　アキナ: (A) はい, そうです。ぶた肉です。
　(B) いいえ, ちがいます。ぶた肉です。

10 のカだめし　　　　p. 51

(1) (ア) B　(イ) A
(2) Let's play soccer.

読まれた英語

(1) (ア) エイジ: (A) Let's play cards.
　(B) Let's play soccer.
[意味] エイジ: (A) トランプをしましょう。
　(B) サッカーをしましょう。
(イ) エイジ: (A) Please stand up.
　(B) Yes, let's.
[意味] エイジ: (A) 立ってください。
　(B) はい, しましょう。

11 のカだめし　　　　p. 55

(1) B　(2) A

読まれた英語

(1) 母: How's the weather today?
　ニックマン: (A) It's cloudy. (B) It's
　rainy.
[意味] 母: 今日の天気はどうですか。
　ニックマン: (A) くもりです。(B) 雨です。
(2) エイジ: How's the weather today?
　ニックマン: (A) It's sunny. It's very
　hot. (B) It's snowy. It's very cold.
[意味] エイジ: 今日の天気はどうですか。
　ニックマン: (A) 晴れています。とても
　暑いです。
　(B) 雪です。とても寒いです。

レッスン12 の力だめし　　　p. 59

(1) 金　(2) 木

読まれた英語

(1) ニックマン: What day is it?
　　キヨシ: It's Friday.
[意味] ニックマン: 何曜日ですか。
　　キヨシ: 金曜日です。

(2) 校長先生: What day is it?
　　ケイ: It's Thursday.
[意味] 校長先生: 何曜日ですか。
　　ケイ: 木曜日です。

レッスン13 の力だめし　　　p. 63

(1) 10　(2) 13　(3) 50

読まれた英語

(1) 女性: How old are you, Hakase?
　　ハカーセ: I'm ten.
[意味] 女性: 何さいですか, ハカーセ。
　　ハカーセ: 10さいです。

(2) 男性: How old are you, Iyo?
　　イヨ: I'm thirteen.
[意味] 男性: 何さいですか, イヨ。
　　イヨ: 13さいです。

(3) 女性: How old are you, Mr. Usa?
　　宇佐さん: I'm fifty.
[意味] 女性: 何さいですか, 宇佐さん。
　　宇佐さん: 50さいです。

レッスン14 の力だめし　　　p. 67

(1) A　(2) B　(3) A　(4) A

読まれた英語

(1) 女性: What time is it?
　　男性: (A) It's six.　(B) It's eight.

[意味] 女性: 何時ですか。
　　男性: (A) 6時です。　(B) 8時です。

(2) 女性: What time is it?
　　男性: (A) It's two thirty.　(B) It's twelve thirty.
[意味] 女性: 何時ですか。
　　男性: (A) 2時30分です。　(B) 12時30分です。

(3) 女性: What time is it?
　　男性: (A) It's five fifteen.　(B) It's five forty-five.
[意味] 女性: 何時ですか。
　　男性: (A) 5時15分です。　(B) 5時45分です。

(4) 女性: What time is it?
　　男性: (A) It's nine.　(B) It's eleven.
[意味] 女性: 何時ですか。
　　男性: (A) 9時です。　(B) 11時です。

レッスン15 の力だめし　　　p. 71

(1) 消しゴム　(2) えんぴつ

読まれた英語

(1) 女性: Do you have a ruler?
　　ケイ: No, I don't.
　　女性: Do you have an eraser?
　　ケイ: Yes, I do.
[意味] 女性: 定規を持っていますか。
　　ケイ: いいえ, 持っていません。
　　女性: 消しゴムを持っていますか。
　　ケイ: はい, 持っています。

(2) 男性: Do you have a pen?
　　アキナ: No, I don't.
　　男性: Do you have a pencil?
　　アキナ: Yes, I do.
[意味] 男性: ペンを持っていますか。
　　アキナ: いいえ, 持っていません。
　　男性: えんぴつを持っていますか。
　　アキナ: はい, 持っています。

レッスン16 の力だめし　p. 75

> (1) A　(2) B

読まれた英語

(1) ハカーセ：(A) I always get up at six fifteen.　(B) I always get up at six fifty.

[意味] ハカーセ：(A) 私はいつも6時15分に起きます。　(B) 私はいつも6時50分に起きます。

(2) アキナ：(A) I usually have lunch at twelve twenty.　(B) I usually have lunch at twelve forty.

[意味] アキナ：(A) 私はたいてい12時20分に昼食を食べます。　(B) 私はたいてい12時40分に昼食を食べます。

レッスン17 の力だめし　p. 79

> (1) B　(2) B

読まれた英語

(1) 女性：What time do you take a bath?

校長：(A) I usually take a bath at seven fifteen.　(B) I usually take a bath at eight forty-five.

[意味] 女性：あなたは何時におふろに入りますか。

校長先生：(A) 私はたいてい7時15分におふろに入ります。　(B) 私はたいてい8時45分におふろに入ります。

(2) 女性：What time do you go to bed?

エイジ：(A) I always go to bed at nine fifteen.　(B) I always go to bed at nine thirty.

[意味] 女性：あなたは何時にねますか。

エイジ：(A) 私はいつも9時15分にねます。　(B) 私はいつも9時30分にねます。

レッスン18 の力だめし　p. 83

> (1) A　(2) B　(3) A

読まれた英語

(1) 女性：When is your birthday, Eiji?

エイジ：My birthday is January 1st.

[意味] 女性：あなたの誕生日はいつですか, エイジ。

エイジ：私の誕生日は1月1日です。

(2) 女性：When is your birthday, Mr. Usa?

宇佐さん：My birthday is July 4th.

[意味] 女性：あなたの誕生日はいつですか, 宇佐さん。

宇佐さん：私の誕生日は7月4日です。

(3) 女性：When is your birthday, Nick-man?

ニックマン：My birthday is August 30th.

[意味] 女性：あなたの誕生日はいつですか, ニックマン。

ニックマン：私の誕生日は8月30日です。

レッスン19 の力だめし　p. 87

> (1) B　(2) A　(3) B

読まれた英語

(1) 女性：What do you want for your birthday, Eiji?

エイジ：I want a new bike.

[意味] 女性：あなたは誕生日に何がほしいですか, エイジ。

エイジ：新しい自転車がほしいです。

(2) 女性：What do you want for your birthday, Mr. Usa?

宇佐さん：I want a new cap.

[意味] 女性：あなたは誕生日に何がほしい

ですか，宇佐さん。

宇佐さん：新しいぼうしがほしいです。

(3) 女性：What do you want for your birthday, Nick-man?

ニックマン：I want a comic book.

[意味] 女性：あなたは誕生日に何がほしいですか，ニックマン。

ニックマン：まんががほしいです。

レッスン20 の力だめし　　　p. 91

(1) B　(2) B　(3) B

読まれた英語

(1) 女性(じょせい)：Eiji, can you ski?

エイジ：No, I can't.

女性：Can you skate?

エイジ：Yes, I can.

[意味] 女性：エイジ，スキーはできますか。

エイジ：いいえ，できません。

女性：スケートはできますか。

エイジ：はい，できます。

(2) 女性：Can you dance, Mr. Usa?

宇佐(うさ)さん：No, I can't.

女性：Can you cook?

宇佐さん：Yes, I can.

[意味] 女性：おどれますか，宇佐さん。

宇佐さん：いいえ，おどれません。

女性：料理はできますか。

宇佐さん：はい，できます。

(3) 女性：Can you fly, Nick-man?

ニックマン：Yes, I can.

女性：Can you cook?

ニックマン：No, I can't.

[意味] 女性：空を飛べますか，ニックマン。

ニックマン：はい，飛べます。

女性：料理はできますか。

ニックマン：いいえ，できません。

レッスン21 の力だめし　　　p. 95

(1) アメリカ　(2) イタリア

読まれた英語

(1) 宇佐(うさ)さん：I want to go to America. I want to see baseball games.

[意味] 宇佐さん：私(わたし)はアメリカに行きたいです。野球の試合を見たいです。

(2) タカシ（エイジの父）：I want to go to Italy. I want to eat pizza.

[意味] タカシ（エイジの父）：私はイタリアに行きたいです。ピザを食べたいです。

レッスン22 の力だめし　　　p. 99

(1) B　(2) A

読まれた英語

(1) 女性(じょせい)：Where is the dog?

男性：(A) It's on the desk. (B) It's under the desk.

[意味] 女性：犬はどこですか。

男性：(A) 机(つくえ)の上です。(B) 机の下です。

(2) 女性：Where is the ball?

男性：(A) It's on the chair. (B) It's under the chair.

[意味] 女性：ボールはどこですか。

男性：(A)いすの上です。(B)いすの下です。

レッスン23 の力だめし　　　p. 103

(1) イ　(2) ウ　(3) ア

読まれた英語

(1) 男性(だんせい)：Where is the post office?

女性(じょせい)：Go straight for two blocks and turn right. You can see it on your left.

[意味] 男性: 郵便局はどこですか。

女性: 2ブロックまっすぐ行って，右に曲がってください。左側に見えます。

(2) 男性: Where is the station?

女性: Go straight and turn left at the first corner. You can see it on your right.

[意味] 男性: 駅はどこですか。

女性: まっすぐ行って最初の角を左に曲がってください。右側に見えます。

(3) 男性: Where is the park?

女性: Go straight and turn left at the second corner. You can see it on your right.

[意味] 男性: 公園はどこですか。

女性: まっすぐ行って2つ目の角を左に曲がってください。右側に見えます。

24 のカだめし　　　p. 107

(1) B　(2) B　(3) B

読まれた英語

(1) ケイ: This is my sister. She is good at singing.

[意味] ケイ: これは私の姉です。かのじょは歌うことが得意です。

(2) キヨシ: This is my grandfather. He is good at cooking.

[意味] キヨシ: これは私の祖父です。かれは料理が得意です。

(3) ニックマン: This is my mother. She is brave.

[意味] ニックマン: これは私の母です。かのじょは勇気があります。

25 のカだめし　　　p. 111

(1) B　(2) A　(3) A

読まれた英語

(1) 女性: What would you like?

ケイ: I'd like a hamburger.

[意味] 女性: 何がよろしいですか。

ケイ: ハンバーガーをください。

(2) ケイ: How much is it?

女性: It's two hundred yen.

[意味] ケイ: いくらですか。

女性: 200円です。

(3) ケイ: How much is the salad?

女性: It's one hundred and eighty yen.

[意味] ケイ: サラダはいくらですか。

女性: 180円です。

26 のカだめし　　　p. 115

(1) A　(2) B

読まれた英語

(1) 男性: I'm Joe. I'm from America. My favorite sport is baseball.

[意味] 男性: 私はジョーです。アメリカ出身です。いちばん好きなスポーツは野球です。

(2) ヤヨイ（エイジの母）: I'm Yayoi. I'm from Osaka, Japan. My favorite food is curry.

[意味] ヤヨイ（エイジの母）: 私はヤヨイです。日本の大阪出身です。いちばん好きな食べ物はカレーです。

27 のカだめし　　　p. 119

(1) B　(2) A

(1) エイジ：(A) We have a beach in our town. You can enjoy swimming.

(B) We have a forest in our town. You can enjoy camping.

[意味] エイジ：(A) 私(わたし)たちの町にはビーチがあります。水泳を楽しめます。

(B) 私たちの町には森があります。キャンプを楽しめます。

(2) 男性(だんせい)：(A) You can enjoy shopping in our town. You can see tall buildings.

(B) You can enjoy skiing in our town. You can see beautiful mountains.

[意味] 男性：(A) 私たちの町では買い物が楽しめます。高い建物を見ることができます。

(B) 私たちの町ではスキーが楽しめます。美しい山を見ることができます。

28 の力だめし　　　p.123

(1) B　(2) B

読まれた英語

(1) アキナ：(A) I went to the zoo this summer. I saw a lot of animals.

(B) I went to the aquarium this summer. I saw a lot of fish.

[意味] アキナ：(A) 私(わたし)はこの夏に動物園に行きました。たくさんの動物を見ました。

(B) 私はこの夏に水族館に行きました。たくさんの魚を見ました。

(2) キヨシ：(A) I went to the mountains this summer. I saw a lot of stars.

(B) I went to the sea this summer. I enjoyed swimming.

[意味] キヨシ：(A) 私はこの夏に山に行きました。たくさんの星を見ました。

(B) 私はこの夏に海に行きました。水泳を楽しみました。

29 の力だめし　　　p.127

(1) B　(2) A

読まれた英語

(1) ケイ：(A) My best memory is our sports day. (B) My best memory is our drama festival.

[意味] ケイ：(A) 私(わたし)のいちばんの思い出は運動会です。(B) 私のいちばんの思い出は学芸会です。

(2) キヨシ：(A) My best memory is our school trip. We went to Tokyo.

(B) My best memory is our chorus contest. We enjoyed singing.

[意味] キヨシ：(A) 私のいちばんの思い出は修学(しゅうがく)旅行です。私たちは東京に行きました。(B) 私のいちばんの思い出は合唱コンクールです。私たちは歌うことを楽しみました。

30 の力だめし　　　p.131

(1) B　(2) A　(3) A

読まれた英語

(1) ケイ：I want to join the tennis team in junior high school.

[意味] ケイ：私(わたし)は中学校でテニス部に入りたいです。

(2) イヨ：I want to be a singer in the future.

[意味] イヨ：私は将来(しょうらい)歌手になりたいです。

(3) エイジ：I want to be a teacher in the future.

[意味] エイジ：私は将来先生になりたいです。

最後まで読んでくれて
ありがとう！

こまったときには，いつで
もこの本にもどってきてく
ださいね！

おつかれさまでした！

監修：狩野晶子

マンガ・イラスト：入江久絵

カバーデザイン：山本光徳

動画作成：ジャパンライム株式会社

DVDプレス：東京電化株式会社

製作：やさしくまるごと小学シリーズ製作委員会
（宮崎純，細川順子，小椋恵梨，難波大樹，延谷朋実，髙橋龍之助，石本智子）

編集協力・DTP
株式会社エデュデザイン

校正
佐藤美穂，上保匡代，脇田聡，佐藤玲子

英文校閲
船木かれん，Joseph Tabolt

『やさしくまるごと小学』シリーズ
授業動画DVD-BOX　発売のお知らせ

商品コード：3100002759　　商品コード：3100002761　　商品コード：3100002762　　商品コード：3100002760　　商品コード：3100002763

各本体7,800円（＋税）　送料無料

本書の授業動画はすべてYouTubeで無料視聴が可能ですが，
すべての動画をDVDに収録したDVD-BOXも販売しております。

- ・ご自宅にインターネットの環境がない。
- ・お子さまにパソコンやスマホはまだ使わせたくない。
- ・リビングのTVの画面で動画授業を見せたい。

上記のようなご要望のある方は，ぜひ以下のURLまたはQRコードより
DVD-BOXの商品紹介ページをご覧いただき，ご購入をご検討ください。

https://gakken-ep.jp/extra/yasamaru_p/movie.html

─── お電話での注文は以下へお願いします。 （注文内容は必ず控えをとっておいてください）

☎0120-92-5555（学研通販受注センター） ／ （携帯電話・PHS通話可能）受付時間：月～金　9:30-17:30（土日・祝日・年末年始を除く）

やさしくまるごと小学英語

〈別冊〉
単語まるごと練習ノート

軽くのりづけされていますので、ゆっくりと取りはずしてお使いください。

Gakken

Contents

もくじ

◎ 英語を口に出して言いながら単語を書くのがおすすめです。
◎ 各ページに，関連するレッスンを表示しています。単語の音は，対応する
授業動画を確認しましょう。（一部，授業動画の対応のない単語もあります。）

➡ 関連 ⋯ Lesson 1（p.12）
◎ うすい字をなぞってから，右に1〜2回ずつ書きましょう。

A　　　　　　B　　　　　　C

▶ A は「エー」とのばさずに，「エイ」のように発音しよう！

D　　　　　　E　　　　　　F

▶ E と F は形が似ているから，しっかり区別しよう！

G　　　　　　H　　　　　　I

J　　　　　　K　　　　　　L

▶ J と K も「ジェー」「ケー」とのばさずに「ジェイ」「ケイ」のように発音しよう！

M　　　　　　N　　　　　　O

P　　　　　　Q　　　　　　R

▶ Q はななめの線を忘れずに！

S　　　　　　T　　　　　　U

V　　　　　　W　　　　　　X

▶ V は「ブイ」ではなく「ヴィー」のような発音だよ！

Y　　　　　　Z

アルファベット 小文字

➡ 関連 ⋯ Lesson 2 (p.16)
◎ うすい字をなぞってから，右に1～2回ずつ書きましょう。

a   b   c

d   e   f

▶dとbは左右の向きに注意して，しっかり区別しよう！

g   h   i

▶hはnと区別するために，いちばん上の線から書き始めよう！

j   k   l

m   n   o

p   q   r

▶pとqも左右の向きをまちがえないようにしよう！

s   t   u

v   w   x

y   z

▶yは下までのばして書こう！

動物

➡ 関連 … Lesson 6（p.32），Lesson 26（p.112）
◎ うすい字をなぞってから，右に1〜2回ずつ書きましょう。

animal
動物

cat
ねこ

dog
犬

rabbit
うさぎ　▶bは2つ！

hamster
ハムスター　▶最初を強く読むよ！

panda
パンダ

penguin
ペンギン　▶uを忘れずに！

koala
コアラ

lion
ライオン

bear
クマ　▶つづりに注意しよう！

elephant

ゾウ　▶p を忘れずに！

tiger

トラ

zebra

シマウマ

gorilla

ゴリラ　▶まん中を強く読むよ！

monkey

サル

horse

ウマ

cow

ウシ

sheep

ヒツジ

pig

ブタ

mouse

ネズミ　▶mouth（口）とまちがえないでね！

bird

鳥　▶ir のつづりに注意！

虫・魚など

➡ 関連 … Lesson 6（p.32），Lesson 26（p.112）
◎ うすい字をなぞってから，右に1〜2回ずつ書きましょう。

bug

虫 ▶bag（かばん）とまちがえないでね！

beetle

カブトムシ

snake

ヘビ

frog

カエル

spider

クモ

ant

アリ ▶aは「エァ」という感じで発音するよ！

butterfly

チョウ

fish

魚

shark

サメ

jellyfish

クラゲ ▶クラゲって jelly（ゼリー）みたいだよね！

6

色

➡ 関連 ··· Lesson 7 (p.36), Lesson 26 (p.112)
◎ うすい字をなぞってから，右に1〜2回ずつ書きましょう。

color

色

red

赤

blue

青 ▶つづりに注意しよう！

yellow

黄色 ▶lは2つ！

green

緑

orange

オレンジ色 ▶果物のオレンジと同じだよ！

pink

ピンク

purple

むらさき色 ▶uのつづりに注意しよう！

black

黒

white

白

野菜・果物

⬛ 関連 ⋯ Lesson 7 (p.36)
◎ うすい字をなぞってから，右に1〜2回ずつ書きましょう。

vegetable

野菜

fruit

果物　▷ ui のつづりに注意しよう！

carrot

ニンジン　▷ r は2つ！

green pepper

ピーマン　▷「ピーマン」って英語じゃないんだよ！

tomato

トマト　▷日本語の「トマト」とは全然ちがう発音だよ！

onion

タマネギ

cucumber

キュウリ

mushroom

キノコ

potato

ジャガイモ　▷まん中を強く読むよ！

pumpkin

カボチャ

cabbage

キャベツ　▶bは2つ！

bean

マメ

corn

トウモロコシ

apple

リンゴ

banana

バナナ　▶まん中を強く読むよ！

grapes

ブドウ　▶つぶが集まってふさになってるから，ふつう複数形で言うよ！

cherry

サクランボ　▶rは2つ！

lemon

レモン

melon

メロン

orange

オレンジ

peach

モモ

➡ 関連 … Lesson 7 (p.36), Lesson 19 (p.84), Lesson 25 (p.108)
◎ うすい字をなぞってから，右に1〜2回ずつ書きましょう。

food

食べ物

pizza

ピザ ▶ z は 2 つ！

hamburger

ハンバーガー ▶ 最初を強く読むよ！

spaghetti

スパゲッティ ▶ h を忘れずに！

curry

カレー

sausage

ソーセージ

salad

サラダ ▶ 日本語の「サラダ」とは全然ちがう発音だよ！

grilled fish

焼き魚

French fries

フライドポテト ▶ 英語では「フライドポテト」とは言わないよ！

sandwich

サンドイッチ

soup

スープ

omelet

オムレツ

steak

ステーキ

hot dog

ホットドッグ

donut

ドーナツ

cake

ケーキ

ice cream

アイスクリーム

popcorn

ポップコーン

candy

キャンディー　▶最後は y だよ！

chocolate

チョコレート　▶最初を強く読むよ！

飲み物

➡ 関連 … Lesson 9 (p.44), Lesson 19 (p.84)
◎ うすい字をなぞってから，右に1〜2回ずつ書きましょう。

drink

飲み物

water

水

soda

ソーダ

tea

<ruby>紅茶<rt>こうちゃ</rt></ruby>，お茶　▶ea のつづりに注意！

green tea

緑茶

coffee

コーヒー　▶f と e は2つずつ！

cola

コーラ

orange juice

オレンジジュース　▶i を<ruby>忘<rt>わす</rt></ruby>れずに！

apple juice

リンゴジュース

milk

<ruby>牛乳<rt>ぎゅうにゅう</rt></ruby>

12

食材

→ 関連 … Lesson 9 (p.44)
◎ うすい字をなぞってから，右に1〜2回ずつ書きましょう。

chicken

とり肉 ▶ つづりに注意しよう！

pork

ぶた肉

beef

牛肉

sugar

砂糖

salt

塩 ▶ a のつづりに注意！

rice

ごはん，米

bread

パン ▶ 英語で「パン」とは言わないよ！

egg

卵

ham

ハム

cheese

チーズ ▶ e は2つ！

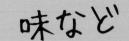

味など

◎ うすい字をなぞってから，右に1〜2回ずつ書きましょう。

sweet

あまい　▷eは2つ！

salty

しょっぱい，塩からい　▷salt（塩）にyがついた形だね！

sour

すっぱい

spicy

からい

bitter

苦い　▷tは2つ！

delicious

すごくおいしい　▷つづりに注意しよう！

hot

熱い，からい

cold

冷たい

soft

やわらかい

hard

かたい

14

気分

➡ 関連 … Lesson 11 (p.52)
◎ うすい字をなぞってから，右に1〜2回ずつ書きましょう。

great

すごく気分がいい

happy

うれしい ▶ p は2つで，最後は y だよ！

sad

悲しい

hungry

おなかがすいた ▶ u のつづりに注意しよう！

tired

つかれた

sleepy

ねむい

fine

元気な

angry

怒った

busy

忙しい

thirsty

のどのかわいた

➡️ 関連 … Lesson 8 (p.40), Lesson 10 (p.48), Lesson 26 (p.112)
◎ うすい字をなぞってから，右に1〜2回ずつ書きましょう。

sport

スポーツ

table tennis

卓球_{たっきゅう}

baseball

野球

tennis

テニス　▶ n は2つ！

soccer

サッカー

basketball

バスケットボール

volleyball

バレーボール　▶ 最初を強く読むよ！

dodgeball

ドッジボール

swimming

水泳　▶ m は2つ！

softball

ソフトボール

badminton

バドミントン

karate

空手

skiing

スキー　▶ ski だけだと「スキー板」「スキーをする」という意味だよ！

snowboarding

スノーボード

track and field

陸上競技

skating

スケート

rugby

ラグビー

football

フットボール

judo

柔道　▶ karate, judo, kendo は日本語から英語になった言葉だね！

kendo

剣道

教科

➡ 関連 ··· Lesson 8（p.40）, Lesson 12（p.56）, Lesson 26（p.112）
◎ うすい字をなぞってから, 右に1〜2回ずつ書きましょう。

subject

教科

English

英語　▶最初のEはいつも大文字だよ！

Japanese

国語　▶最初のJはいつも大文字だよ！

math

算数

science

理科　▶cを忘れないように注意！

social studies

社会

P.E.

体育　▶physical（体の）education（教育）の略だよ。大文字で書こう！

music

音楽

arts and crafts

図画工作

home economics

家庭科

遊び

➡ 関連 … Lesson 10 (p.48), Lesson 27 (p.116), Lesson 28 (p.120)
◎ うすい字をなぞってから，右に1～2回ずつ書きましょう。

jump rope
なわとび

tag
おにごっこ

cards
トランプ

games
ゲーム

bingo
ビンゴ

hide and seek
かくれんぼ　▶hide は「かくれる」，seek は「さがす」という意味だよ！

fishing
つり

camping
キャンプ

shopping
買い物　▶pは2つ！

hiking
ハイキング

動作

➡ 関連 … Lesson 10 (p.48), Lesson 20 (p.88), Lesson 21 (p.92)
◎ うすい字をなぞってから，右に1〜2回ずつ書きましょう。

go

行く

start

始める

eat

食べる

walk

歩く

sing

歌う

dance

おどる，ダンスする

cook

料理をする　▶oは2つ！

ski

スキーをする

skate

スケートをする

jump

ジャンプをする

play the piano

ピアノをひく　▶the を忘<ruby>忘<rt>わす</rt></ruby>れずに！

ride a unicycle

一輪車に乗る

play badminton

バドミントンをする

see

見る

drink

飲む

buy

買う　▶ u のつづりに注意！

run

走る　▶ u のつづりに注意しよう！

stop

止まる

study

勉強する　▶ u のつづりに注意しよう！

楽器

➡ 関連 … Lesson 20 (p.88)
◎ うすい字をなぞってから，右に1〜2回ずつ書きましょう。

piano
ピアノ

guitar
ギター　▷ u を忘れないように注意しよう！

violin
バイオリン　▷ うしろを強く読むよ！

recorder
リコーダー

harmonica
ハーモニカ

drums
ドラム　▷ ふつう複数形で言うよ！ drum だけだと「たいこ」の意味だよ！

triangle
トライアングル

flute
フルート

castanets
カスタネット　▷ ふつう複数形で言うよ！

xylophone
木琴

22

天気・季節

➡ 関連 … Lesson 11（p.52）
◎ うすい字をなぞってから，右に1〜2回ずつ書きましょう。

weather

天気 ▶つづりに注意しよう！

sunny

晴れた ▶nは2つ！

rainy

雨が降っている ▶rain（雨）にyがついた形だね！

cloudy

くもった ▶cloud（雲）にyがついた形だね！

snowy

雪が降っている ▶snow（雪）にyがついた形だね！

windy

風が強い ▶wind（風）にyがついた形だね！

spring

春

summer

夏 ▶mは2つ！

fall

秋 ▶autumn とも言うよ。

winter

冬

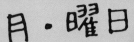

月・曜日

➡ 関連 … Lesson 12 (p.56), Lesson 18 (p.80)
◎ うすい字をなぞってから, 右に1〜2回ずつ書きましょう。

month

月　▶ th のつづりに注意しよう！

January

1月　▶ 月を表す単語はすべて大文字で書き始めよう！

February

2月　▶ ur のつづりに注意！

March

3月

April

4月

May

5月

June

6月

July

7月

August

8月

September

9月

October

10月

November

11月

December

12月

week

週

Sunday

日曜日　▶曜日もすべて大文字で書き始めよう！

Monday

月曜日

Tuesday

火曜日

Wednesday

水曜日　▶dnes のつづりに注意しよう！

Thursday

木曜日　▶ur のつづりに注意しよう！

Friday

金曜日

Saturday

土曜日　▶ur のつづりに注意しよう！

数

➡ 関連 … Lesson 13 (p.60), Lesson 14 (p.64), Lesson 16 (p.72), Lesson 18 (p.80), Lesson 25 (p.108),

◎ うすい字をなぞってから，右に1〜2回ずつ書きましょう。

number

数

one

1

two

2

three

3

four

4　▶ u を忘れない！

five

5

six

6

seven

7

eight

8　▶ gh は発音しないよ！

nine

9

ten

10

eleven

11

twelve

12

thirteen

13 ▶ teen のところを強く読むよ！

fourteen

14

fifteen

15

sixteen

16

seventeen

17

eighteen

18

nineteen

19

twenty

20

twenty-one

21 ▶ ハイフン（-）をつけよう！

thirty

30 ▶ ir のつづりに注意！

forty

40 ▶ four（4）とちがって，u がないよ！

fifty

50

sixty

60

seventy

70

eighty

80

ninety

90

one hundred

100

two hundred

200

first

1番目 ▶ ir のつづりに注意しよう！ 簡単に 1st と書くことも多いよ。

second

2番目 ▶ 2nd とも書くよ。

third

3番目 ▶ 3rd とも書くよ。

fourth

4番目 ▶ 4th とも書くよ。

fifth

5番目 ▶ 5th とも書くよ。

sixth

6番目 ▶ 6th とも書くよ。

seventh

7番目 ▶ 7th とも書くよ。

eighth

8番目 ▶ 8th とも書くよ。

ninth

9番目 ▶ 9th とも書くよ。

tenth

10番目 ▶ 10th とも書くよ。

文具

➡ 関連 ··· Lesson 15 (p.68)
◎ うすい字をなぞってから，右に1～2回ずつ書きましょう。

pen

ペン

pencil

えんぴつ

eraser

消しゴム

ruler

定規

crayon

クレヨン

stapler

ホッチキス

pencil case

筆入れ

scissors

はさみ　▶ いつも複数形で使うよ！

glue

のり　▶ eを忘れずに！

notebook

ノート

身の回りのもの

➡ 関連 … Lesson 19 (p.84)
◎ うすい字をなぞってから，右に1〜2回ずつ書きましょう。

bike

自転車 ▶ bicycle とも言うよ！

comic book

まんが

game

ゲーム

desk

机

toy

おもちゃ ▶最後は y だよ！

racket

ラケット ▶ c を忘れずに！

bat

バット

ball

ボール ▶ l は2つ！

bag

かばん，バッグ

book

本

身に着けるもの・頻度

➡ 関連 … Lesson 19 (p.84), Lesson 16 (p.72)
◎ うすい字をなぞってから, 右に1〜2回ずつ書きましょう。

sweater

セーター　▶w を忘れずに！

shirt

シャツ

dress

ドレス, ワンピース

jacket

ジャケット, 上着

cap

(野球ぼうなどの, ふちのない) ぼうし, キャップ

watch

うで時計

hat

(ふちのある) ぼうし

always

いつも

usually

ふつうは, たいてい　▶l は2つ！

sometimes

ときどき

日課

➡ 関連 … Lesson 16 (p.72), Lesson 17 (p.76)
◎ うすい字をなぞってから，右に1～2回ずつ書きましょう。

have breakfast

朝食を食べる　▶ eat breakfast とも言うよ。

go to school

学校に行く

have lunch

昼食を食べる　▶ lunch の u のつづりに注意しよう！

go home

家に帰る

have dinner

夕食を食べる　▶ dinner の n は2つ！

go to bed

ねる

wash the dishes

お皿を洗（あら）う

play soccer

サッカーをする

watch TV

テレビを見る

take a bath

おふろに入る　▶ bath を bus（バス）とまちがえないようにね！

brush my teeth

歯をみがく

walk my dog

犬の散歩をする

study English

英語を勉強する　▷ English はいつも大文字で書き始めるよ！

clean my room

部屋をそうじする

do my homework

宿題をする

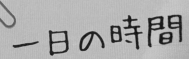

◎ うすい字をなぞってから，右に１〜２回ずつ書きましょう。

morning

朝

afternoon

午後

evening

夕方

night

夜　▷ 発音しない gh のつづりに注意しよう！

体

◎ うすい字をなぞってから，右に1〜2回ずつ書きましょう。

body

体

nose

鼻

eye

目 ▶ つづりに注意しよう！

mouth

口 ▶ mouse（ねずみ）とまちがえないでね！

teeth

歯 ▶ 1本の歯は tooth と言うよ！

ear

耳

face

顔

hair

髪の毛 ▶ つづりに注意しよう！

head

頭

hand

手

neck

首

leg

足（足首から上）

foot

足（足首から下）

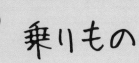

◎ うすい字をなぞってから，右に1〜2回ずつ書きましょう。

bus

バス

train

電車　▷つづりに注意しよう！

taxi

タクシー　▷最後は i だよ！

car

車

bike

自転車　▷bicycle とも言うよ。

plane

飛行機　▷つづりに注意しよう！

国名

➡ 関連 … Lesson 21 (p.92)
◎ うすい字をなぞってから，右に1～2回ずつ書きましょう。

country

国

Japan

日本　▶ 国名は大文字で書き始めよう！

Korea

韓国

China

中国

Egypt

エジプト　▶ つづりに注意しよう！

the U.K.

イギリス

Italy

イタリア

Russia

ロシア

Canada

カナダ

America

アメリカ　▶ アメリカ合衆国は the U.S.A. や the U.S. とも言うよ。

➡ 関連 … Lesson 22 (p.96)
◎ うすい字をなぞってから，右に1〜2回ずつ書きましょう。

room

部屋

kitchen

台所 ▷ つづりに注意しよう！

bathroom

おふろ，トイレ

table

テーブル

chair

いす ▷ air のつづりに注意しよう！

in

〜の中に

on

〜の上に

under

〜の下に

by

〜のそばに ▷ buy（買う）とまちがえないでね！

next to

〜のとなりに

学校にあるもの

◎ うすい字をなぞってから，右に1〜2回ずつ書きましょう。

classroom

教室

gym

体育館　▶ y のつづりに注意しよう！

playground

運動場

restroom

トイレ

entrance

入り口

science room

理科室

music room

音楽室

swimming pool

プール

teachers' office

職員室　▶ office の f は2つ！

cafeteria

カフェテリア，食堂

39

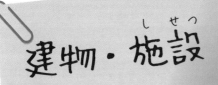

建物・施設

➡関連 … Lesson 23 (p.100), Lesson 27 (p.116), Lesson 28 (p.120)
◎ うすい字をなぞってから，右に1〜2回ずつ書きましょう。

post office

ゆうびんきょく
郵便局

school

学校

park

公園

station

駅

hospital

病院

restaurant

レストラン　▷ au のつづりに注意しよう！

library

図書館

zoo

動物園

stadium

スタジアム，競技場

supermarket

スーパーマーケット

police station

警察署

castle

お城　▶ t を忘れないでね！

temple

お寺

museum

美術館・博物館　▶ eu のつづりに注意しよう！

factory

工場

aquarium

水族館　▶ つづりに注意しよう！

bookstore

書店

gas station

ガソリンスタンド　▶ gas は「ギャス」のように発音するよ！

flower shop

生花店

convenience store

コンビニエンスストア

道案内

➡ 関連 ⋯ Lesson 23 (p.100)
◎ うすい字をなぞってから，右に1〜2回ずつ書きましょう。

go straight

まっすぐ行く　▶straight のつづりに注意しよう！

turn right

右に曲がる

turn left

左に曲がる

corner

角

block

ブロック　▶交差点から次の交差点までの1区画を1ブロックと言うよ！

way

道

street

通り

bridge

橋　▶d を忘れないでね！

場所・自然

➡ 関連 … Lesson 27 (p.116), Lesson 28 (p.120)
◎ うすい字をなぞってから，右に1～2回ずつ書きましょう。

beach
ビーチ，砂はま

forest
森

river
川

garden
庭園

mountain
山 ▶つづりに注意しよう！

sea
海 ▶see（見る）とまちがえないでね！

lake
湖

sky
空

tree
木 ▶eは2つ！

flower
花

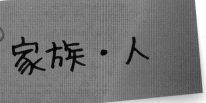

➡ 関連 … Lesson 24 (p.104)
◎ うすい字をなぞってから，右に1〜2回ずつ書きましょう。

family

家族

father

父

mother

母 ▶ o のつづりに注意しよう！

brother

兄，弟

sister

姉，妹

grandfather

祖父

grandmother

祖母

uncle

おじ

aunt

おば

friend

友達 ▶ ie のつづりに注意しよう！

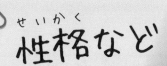

性格など

<ruby>性<rt>せい</rt></ruby><ruby>格<rt>かく</rt></ruby>など

➡ 関連 … Lesson 24 (p.104)
◎ うすい字をなぞってから，右に1〜2回ずつ書きましょう。

kind

親切な

nice

やさしい，すてきな

friendly

気さくな，友好的な

funny

おもしろい ▶ n は2つ！

smart

頭がいい ▶ 日本語の「(<ruby>体型<rt>たいけい</rt></ruby>が)スマートな」の意味はないよ！

brave

勇気がある，勇かんな

cool

かっこいい，冷静な

tall

<ruby>背<rt>せ</rt></ruby>が高い

strong

強い

popular

人気のある

じょうたい

◎ うすい字をなぞってから，右に1〜2回ずつ書きましょう。

good

良い

bad

悪い

big

大きい

small

小さい

new

新しい

old

古い　▶「年をとった」という意味もあるよ！

long

長い

short

短い

fast

速い

slow

おそい

感想など

➡ 関連 … Lesson 28 (p.120), Lesson 29 (p.124)
◎ うすい字をなぞってから，右に1〜2回ずつ書きましょう。

great
すばらしい

fun
楽しみ，おもしろいこと　▶ u のつづりに注意しよう！

fantastic
すばらしい

boring
つまらない

exciting
わくわくさせる

beautiful
美しい　▶ eau のつづりに注意しよう！

wonderful
すばらしい

interesting
おもしろい　▶ 最初を強く発音するよ！

easy
簡単な

difficult
難しい　▶ f は2つ！

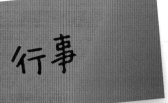

行事

➡ 関連 … Lesson 29 (p.124)
◎ うすい字をなぞってから，右に1〜2回ずつ書きましょう。

school trip

修学旅行　▶trip は「旅」という意味だよ！

field trip

遠足，社会科見学

sports day

運動会

drama festival

学芸会

music festival

音楽祭

chorus contest

合唱コンクール　▶chorus のつづりに注意しよう！

summer vacation

夏休み

winter vacation

冬休み

swimming meet

水泳大会

birthday

誕生日　▶ir のつづりに注意しよう！

New Year's Day

元日

Halloween

ハロウィーン

Christmas

クリスマス　▶tは発音しないよ！

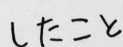

➡ 関連 … Lesson 28（p.120），Lesson 29（p.124）
◎ うすい字をなぞってから，右に1〜2回ずつ書きましょう。

saw

見た　▶see（見る）の過去形（か こ けい）だよ！

ate

食べた　▶eat（食べる）の過去形だよ！

went

行った　▶go（行く）の過去形だよ！

enjoyed

楽しんだ

played

（スポーツなどを）した，（楽器を）演奏（えんそう）した

watched

見た

➡ 関連 … Lesson 30 (p.128)
◎ うすい字をなぞってから，右に1〜2回ずつ書きましょう。

doctor

医師　▶ or のつづりに注意しよう！

singer

歌手

teacher

教師

cook

料理人　▶ cook（料理する）と同じだね！

scientist

科学者

nurse

かんごし
看護師

pharmacist

やくざいし
薬ざい師

researcher

研究者

designer

デザイナー　▶ g は発音しないよ！

pilot

パイロット

soccer player

サッカー選手　▶tennis player だと「テニス選手」という意味になるよ！

pastry chef

パティシエ

game creator

ゲームクリエイター

nursery teacher

保育士

hairdresser

美容師

vet

じゅう医師

zookeeper

動物園の飼育員　▶zoo keeper のように分けて書くこともあるよ。

comedian

コメディアン

police officer

警察官

firefighter

消防士　▶fire fighter のように分けて書くこともあるよ。

About Me

学習した英語を使って，自分のことについて書こう！

↓自分の名前を書こう（例：Shintaro.）

I'm

↓自分の年れいを書こう（例：twelve.）

I'm

↓自分の出身の国や都市を書こう（例：Tokyo.）

I'm from

↓自分の好きなものを書こう（例：music.）

I like

↓自分の誕生日を書こう（例：August 5th.）

My birthday is

Gakken